本书受兰州大学中央高校基本科研业务费专项资金重点项目"英雄烈士人格利益保护法律问题研究"（项目编号：17LZUJBWZD017)的资助

《民法总则》
第一百八十五条研究

《MINFA ZONGZE》
DIYIBAIBASHIWUTIAO YANJIU

迟方旭 著

中国社会科学出版社

图书在版编目(CIP)数据

《民法总则》第一百八十五条研究/迟方旭著. —北京：中国社会科学出版社，2017.10
ISBN 978-7-5203-1156-4

Ⅰ.①民… Ⅱ.①迟… Ⅲ.①民法—总则—研究—中国 Ⅳ.①D923.14

中国版本图书馆 CIP 数据核字（2017）第 244842 号

出 版 人	赵剑英
选题策划	刘 艳
责任编辑	刘 艳
责任校对	陈 晨
责任印制	戴 宽

出 版	中国社会科学出版社
社 址	北京鼓楼西大街甲 158 号
邮 编	100720
网 址	http://www.csspw.cn
发 行 部	010-84083685
门 市 部	010-84029450
经 销	新华书店及其他书店
印 刷	北京明恒达印务有限公司
装 订	廊坊市广阳区广增装订厂
版 次	2017 年 10 月第 1 版
印 次	2017 年 10 月第 1 次印刷
开 本	710×1000 1/16
印 张	10.5
插 页	2
字 数	121 千字
定 价	48.00 元

凡购买中国社会科学出版社图书，如有质量问题请与本社营销中心联系调换
电话：010-84083683
版权所有 侵权必究

谱就大写的人生（代序）*
——读李慎明先生《人为什么活着?》

获赠授业恩师李慎明先生的新著《人为什么活着?》之后，手不释卷，当日便读至深夜，直到视觉疲倦不堪而倒头睡去；次日晨起，顾不得洗漱，又捧起续读，一口气读完。读毕掩卷，心绪久久难以平静。的确，"人为什么活着？怎样活着才更有意义？"是人生的大命题，如何回答，兹事体大，对当代青年学子和学者而言，尤其如此。对此，李先生给出的答案是，每个人都应当去谱就大写的人生。要谱就大写的人生，其要旨有三：弄清历史的大规律、做人的大道理和人生的大幸福。

大写的人生，需要弄清历史的大规律。

李先生认为，每个人的人生与历史的发展休戚相关，因为每个人的人生都是历史之下、之中的人生。要形成正确的世界观，必须掌握历史发展的规律，尤其是大规律。

---

* 本文略作修改，以《成就大写人生的有益启示》为题发表于2016年7月15日《人民日报》第7版（理论版）。

古往今来，唯一能够揭示人类历史发展的根本规律和最终归宿的便是马克思主义。马克思主义诞生于亿万人民群众的实践之中，以绝大多数人的利益、意愿、意志和力量为创造历史的真正动力。因此，信仰马克思主义，便是信仰人民，人民就是共产党人心目中的"上帝"。马克思主义教导人民去追求现实的幸福，教导人民通过实践和变革，运用客观物质力量及自己的主观能动性，改变不合理现实，最终实现美好的共产主义社会。

李先生还特别提到，一小部分人认为马克思主义已经过时了的观点是错误的，是没有真正学懂弄通马克思主义的后果。他认为，对马克思主义不仅应放到一定的时空中去看，还应当放到一定的时段甚至是历史的长河中历史地去看。马克思主义的基本原理与基本观点，都是直接或间接地揭示和诠释几百甚至上千上万年的人类历史发展的规律，我们决不能仅凭个人眼前利益，仅凭数十年短暂的时间来评判其正确与否或功过是非。一句话，它是长远的，它绝非某些人所认为的那样已经过时。

马克思主义所教导的人民创造历史并最终步入美好的共产主义社会，便是历史的大规律。只有弄懂了历史的大规律，才能弄懂各行业、领域或部门的中规律、小规律，才能够在工作、学习和生活中有所贡献，乃至是有重大的贡献，才能够谱就大写的人生。

大写的人生，需要弄清做人的大道理。

李先生认为，空间无边无际，时间无始无终。在空间和时间的交叉点上，人类诞生于地球，这是历史的必然；

然而具体到我们每个人，能够出生于地球之上，却又是历史的偶然。偶然的人生，于每个人又不过百年而已，这很值得庆幸、骄傲和珍惜。因此，对于活着的每一个人，都应该去弄清人为什么活着、怎样活着。回答这一问题，因人生观、价值观的不同而有所不同；制约或决定人生观、价值观的，又是人的世界观。因此，要弄清做人的大道理，必须以弄清历史发展的大规律为前提。既然马克思主义所教导的人民创造历史并最终步入美好的共产主义社会是历史发展的大规律，做人的大道理便是以此为出发点去展开、丰富自己的人生。

李先生建议说，从历史的大规律出发，做人的大道理是依靠绝大数人、为绝大多数人谋利益，简单地讲就是"为人民服务"。"为人民服务"中的"人"是指最广大的人民群众，而不是指一切人，更不是其中的少数人。绝大多数的人民群众的根本利益是完全一致的，而极少数人的根本利益则是与绝大多数人民群众的根本利益相对立的。如果以极少数人的根本利益为本，就必然会牺牲绝大多数人民群众的根本利益。李先生还特别提醒说，在阶级和有阶级的社会里，想一切以人为本，为一切人谋利益，这至少是想办法超越社会形态的事，是幼稚的乌托邦，或是用动人的词句骗人，实质上确为少数人谋利益。

大写的人生，需要弄清人生的大幸福。

既然弄清楚了马克思主义所教导的人民创造历史并最终步入美好的共产主义社会是历史的大规律，弄清楚了为人民服务是做人的大道理，那么弄清楚人生的大幸福就不是什么难事了。李先生借古人名言说,人生自古谁无死,留取丹心照汗青。历史是公正的。凡是个人理想信念行动与历史进步方向相一致,他的生命就融进了历史,获得了永生;凡是个人的理想信念行动与历史相仿相悖,这就是历史的歧路。

所谓人生的大幸福,在李先生看来,就是不囿于小我,不囿于去精心构建自己的小人生、小家庭和小幸福,而是以正确的方向、远大的志向、广阔的胸襟,为国家和民族的前途和命运而工作、学习和生活;就是坚定地信仰马克思主义,信仰人民,为伟大的共产主义理想的实现而工作、学习和生活!

李先生在题记中说"学者今天的所言所著,如同领导干部的所作所为,必将接受历史和人民的诉说";李先生又在"前言"中说"若在离开这个世界之时,笔者扪心自问,能够说一句,我的毕生都是努力在做一名真正的共产党人,我就心满意足了"。如此对人生的大写,对青年学子和学者来说,恰是学习的风标、践行的方向,正所谓"虽不能至,然心向往之"。

目　　录

《民法总则》第一百八十五条三个"首次"的重大
　　意义及其重要启示 …………………………………（1）
《民法总则》通过后如何保护英雄烈士的人格利益
　　——兼论《民法总则》第一百八十五条的
　　　得与失 ……………………………………………（10）
如何正确理解《民法总则》第一百八十五条的
　　内涵 …………………………………………………（21）
《民法总则》第一百八十五条的核心要义是维护
　　社会公共利益 ………………………………………（26）
正确理解和适用《民法总则》第一百八十五条应
　　处理的八个重要关系 ………………………………（34）
《民法总则》第一百八十五条中"社会公共利益"的
　　含义和意义 …………………………………………（51）
《民法总则》第一百八十五条中民事责任的
　　方式 …………………………………………………（59）
《民法总则》第一百八十五条要求创设民事公益
　　诉讼制度 ……………………………………………（69）

对责难《民法总则》第一百八十五条三种观点的
　　辩驳 ……………………………………………（99）
关于"两高"联合制定保护英雄烈士人格利益司法
　　解释的建议 …………………………………（110）
兰州大学法学院《民法总则》座谈会上的
　　发言 …………………………………………（146）
《民法总则》简讲 ……………………………………（151）

《民法总则》第一百八十五条三个"首次"的重大意义及其重要启示

新公布的《民法总则》是我国民法典编纂的开篇之作，它通过对民事主体合法权益的保护和对民事法律制度的健全，在民事领域实现了公民权利保障的法治化，维护了最广大人民的根本利益，体现了党执政为民的根本宗旨，对全面推进依法治国、实现国家治理体系和治理能力的现代化有着重大意义。特别需要提及的是，它创设了一系列新型民事法律制度，对已经不适用现实情况的既有规定进行了修改完善，对经济社会生活中出现的新情况、新问题作出了富有针对性的新规定，从而适用了中国特色社会主义发展的要求，弘扬了社会主义核心价值观，是一部具有中国特色的社会主义的民事法律。其中的第一百八十五条尤为引人注目、令人赞赏。该条规定："侵害英雄烈士等的姓名、肖像、名誉、荣誉，损害社会公共利益的，应当承担民事责任。"民法学界将该条所创设的制度命名为"英雄烈士人格利益民法保护制度"。笔者认为，《民法总则》第一百八十五条及其所创设的英雄烈士人格利益民法保护制度，无论于理论还是实践均具有重大意义，应当给予翔实梳理、系统总结，以便为更好地保护英雄烈士等的人格利益和社会公共利益提供制度及其理论基础。

一 《民法总则》第一百八十五条所创设的英雄烈士人格利益保护制度首次以法律形式宣示自然人死亡后其人格利益仍然受法律保护

保护已经死亡的自然人的姓名、肖像、名誉、荣誉等人格利益和其他合法民事利益，既是对死者在法律上的尊重，更是保护一个国家和民族社会风尚的必然要求；若一个国家的立法放弃对死者的合法利益的保护，文明传承势必断裂、道德底线势必崩溃、社会风尚势必沦落、社会秩序势必紊乱。综观世界各国立法，保护死者的姓名、肖像、名誉、荣誉等人格利益和其他合法民事利益，已经成为世界各国民法和人格权法发展的必然趋势。

但在我国1986年制定的《民法通则》中，并没有涉及对已经死亡的自然人的姓名、肖像、名誉、荣誉等人格利益的保护，致使对死者人格利益的保护处于法律空白状态；兼之《民法通则》第九条有"公民从出生时起到死亡时止，具有民事权利能力，依法享有民事权利，承担民事义务"之规定，从而排除了自然人死亡后具有民事权利能力和享有民事权利的可能，更是强化了或加剧了自然人死亡后其人格利益难以获得法律保护的法理格局。虽然有鉴于此，最高人民法院在《民法通则》公布后，先后于2001年、2003年和2014年颁布了《最高人民法院关于确定民事侵权精神损害赔偿责任若干问题的解释》《最高人民法院关于审理人身损害赔偿案件适用法律若干问题的解释》和《最高人民法院关于适用〈中华人民共和国民事诉讼法〉的解释》等三部司法解释，赋予死者近亲属以民事诉讼的原告主体资格并通过民事诉讼方式保护其因死者人格利益遭受侵害致使本人情感利益受损而寻求精神赔偿的救济途径，但上述三部司法解释或者因所侧重保护的只是死者近亲属的情感利益而不是死者本人的人格利益，或者因与最高人民法院若干与此有关的司法批复、函件、解答的法理精神不同乃至相互矛盾，再加之最高人民法院的司法解释仅适用于人民法院对相关民事案件的审理活动，从而未能在根本上缓解自然人死亡后其人格利益难以获得法律保护的法理难题。相应地，自然人死亡后其享有的是民事权利还是民事利益、死者近亲属通过诉讼保护的是死者的利益还是自身的利益等一系列法理问题也均未获得有效解决。此种局面一直延续到《民法总则》公布之前。

新公布的《民法总则》第一百八十五条虽然就其条文旨趣而言更加注重对英雄烈士的姓名、肖像、名誉、荣誉等的保护，但该条义在"英雄烈士"之后"等"字的使用以及对"姓名、肖像、名誉、荣誉"等人格利益类型的明确列举，使包括但不限于英雄烈士等已经死亡的自然人的人格利益在法律上获得了受民法保护的法律地位，这是我国首次以全国人民代表大会制定的法律形式宣示自然人死亡后其人格利益仍然受法律保护的立法例。因此，毋庸置疑的是，新公布的《民法总则》第一百八十五条的制度创设，对于有效保护死者的人格利益并进而对民族文明的传承、公众道德的促升、社会风尚的倡导和社会秩序的维系发挥了重大作用，其意义不言自明。

二 《民法总则》第一百八十五条所创设的英雄烈士人格利益保护制度首次以法律形式确定对英雄烈士的人格利益实行专项保护

英雄烈士不同于普通死者，他们在革命斗争、保卫祖国和社会主义现代化建设事业中壮烈牺牲，他们为争取民族独立和人民自由幸福、为国家繁荣富强而献出生命，他们堪为生者的楷模。英雄烈士的功勋彪炳史册、英雄烈士的精神永垂不朽。弘扬英雄烈士的精神、缅怀英雄烈士的功绩，有助于培养公民的爱国主义、集体主义精神和社会主义道德风尚，有助于培育和践行社会主义核心价值观，有助于增强中华民族的凝聚力和激发实现中华民族伟大复兴中国梦的强大精神力量。

然而在现实民事生活中，特别是近些年来在网络媒体和平面媒体中，以侮辱、诽谤、贬损、丑化或者违反社会公共利益、社会公德的其他方式，侵害英雄烈士的姓名、肖像、名誉、荣誉等人格利益的历史虚无主义现象时有发生，引起了社会各界广泛关注，引发了严重不良的社会影响。侵害英雄烈士人格利益的历史虚无主义现象的出现，特别是当其以"学术自由""言论自由"等面目出现时，在一定程度上引起了人们思想和认识的混乱。虽然近两年来，因历史虚无主义言论侵害英雄烈士人格利益的民事纠纷案件相继发生，相关受诉法院也随即作出了相应的民事判决，在一定程度上维护了英雄烈士的人格利益和近亲属的情感利益，但充分暴露出我国现行法律和司法解释保护英雄烈士人格利益的严重不足。其中，保护英雄烈士人格利益的法律依据不够明确、不够清晰，是社会各界特别是司法界最集中、最典型的工作困惑。

新公布的《民法总则》第一百八十五条及时、准确地回应社会现实，直面中国特色社会主义法治建设中的理论难点和实践难题，以保护民事主体的合法权益、适应中国特色社会主义发展要求和弘扬社会主义核心价值观为立法目的，直接、明确、周详地创设出英雄烈士人格利益民法保护制度，对侵害英雄人格利益的侵权行为施以民事制裁，这是我国首次以法律的形式确定对英雄烈士的人格利益实行转向保护。

对英雄烈士的人格利益实行民法上的专项保护，实现了一般预防和特殊预防的统一，同时也实现了行为规范和裁判规范的统一。对于已经侵害英雄烈士人格利益的侵权行为人，通过对其侵权行为的民事制裁，防止了其再次实施侵害英雄烈士人格利益的侵权行为；对于潜在的侵害英雄烈士人格利益的行为人，则通过对已经侵害英雄烈士人格利益的侵权行为人的民事制裁的威慑作用，防止其作出侵害英雄烈士人格利益的侵权行为。同时，《民法总则》第一百八十五条所创设的英雄烈士人格利益保护制度及其中的规范要求，不仅是民事主体实施民事行为、进行民事活动时应当遵守的行为规范，也是人民法院审理涉及英雄烈士人格利益民事案件应当遵循的裁判规范；当民事主体进行民事活动、行使民事权利特别是行使"言论自由"或"表达自由"时，应当遵守《民法总则》第一百八十五条的规定，不得侵害英雄烈士的人格利益，人民法院在审理涉及英雄烈士人格利益的民事案件时，更是可以直接援引《民法总则》第一百八十五条的规定，裁判侵权行为人承担相应的民事责任。

三 《民法总则》第一百八十五条所创设的英雄烈士人格利益保护制度首次以法律形式确认英雄烈士的人格利益是社会公共利益的重要组成部分

英雄烈士等的姓名、肖像、名誉、荣誉等人格利益首先是英雄烈士本人的人格利益；同时，作为英雄烈士的近亲属，社会公众对英雄烈士人格的褒扬或贬损、对英雄烈士人格利益的尊重或侵害，都将直接或者间接决定或者影响社会公众对他们的评价，从而致使他们的情感利益可能因此而受到侵害。于此而言，无论是英雄烈士的人格利益，还是英雄烈士的近亲属的情感利益，由于其利益主体属于特定的个体，因此具有典型的私人利益或私益特征。

但必须特别申明的是，英雄烈士的人格利益除具有私益特征外，还具有显著的社会公益利益的特征。英雄烈士的人格利益及建立在其人格利益基础之上的英雄烈士的形象、事迹和精神，在战争年代，是表征中华儿女不畏强敌、不怕牺牲、英勇奋争精神的具体载体；在和平年代，是体现中华儿女不惧艰难、勇于开拓、敢于创新的形象空间。换言之，英雄烈士的人格利益及建立在其人格利益基础之上的英雄烈士的形象、事迹和精神，已经成为了中华民族的共同的历史记忆，是中华儿女共同的宝贵的精神财富，已经衍生为社会公众的民族情感和历史情感，从而融入社会公共利益之中并构成了社会公共利益的重要组成部分，因此它具有浓厚的社会公共利益的属性色彩。

正因为英雄烈士的人格利益具有私益和公益的双重属性，因此，侵害英雄烈士的姓名、肖像、名誉、荣誉等人格利益的侵权行为，往往同时还构成了对社会公共利益的损害；相应地，此种情形下，《民法总则》第一百八十五条所要保护的，不仅是英雄烈士的人格利益，更是保护社会的公共利益；要求侵权行为人承担民事责任、对侵权行为人施以民事制裁，所填补的不仅是英雄烈士及其近亲属所遭受的损害，更是填补社会不特定多数人的公众所遭受的损害。也正是在这个意义上，我们也可以说，《民法总则》第一百八十五条的核心要义不仅仅在于保护英雄烈士的人格利益，更在于维护社会的公共利益。从民事立法的立法逻辑和技术而言，《民法总则》第一百八十五条所创设的英雄烈士人格利益民法保护制度更是以其对社会公共利益的维护而不是仅仅保护英雄烈士的人格利益，与其所在第八章"民事责任"中的其他条文特别是后八个条文等肩齐列，共同组成了承担民事责任的特殊情形。

四 《民法总则》第一百八十五条三个"首次"的重要启示

《民法总则》第一百八十五条首次以法律形式宣示自然人死亡后其人格利益仍然受法律保护、首次以法律形式确定对英雄烈士的人格利益实行专项保护、首次以法律形式确认英雄烈士的人格利益是社会公共利益的重要组成部分，体现出了《民法总则》的创新与特色，由此给我们带来了如下重要启示：

启示之一：《民法总则》作为民法典的法典编纂活动之一，揭示出了法典编纂活动的本质规律。法典编纂虽然不是制定新的民事法律，仅仅是对已有的现行民事法律规范进行一次系统的科学整理，但也不是对已有的现行民事法律规范进行简单的法律汇编，而是对已经不适用现实情况的规定进行修改完善，对经济社会生活中出现的新情况、新问题作出有针对性的新规定。

启示之二：在全面推进依法治国、建设社会主义法治国家的宏大背景之下，应当以法治思维和法治方式看待、分析和处理经济生活中出现的新情况、新问题，充分发挥立法的引领、规范和推动作用，推动经济社会健康向前发展。

启示之三：编纂法典或制定法律应体现党执政为民的根本宗旨，维护最广大人民的根本利益。社会公共利益是最广大人民根本利益的典型表现之一，因此，尊重和保障民事主体的合法权益，实现民事权利保障的法治化，须以维护广大人民的根本利益（其中包括维护社会公共利益）为中心、为目的、为前提。

《民法总则》通过后如何保护英雄烈士的人格利益
——兼论《民法总则》第一百八十五条的得与失

3月15日，国家主席习近平签署第六十六号主席令，公布了由第十二届全国人民代表大会第五次会议于同日审议通过的《中华人民共和国民法总则》（以下简称《民法总则》）。《民法总则》的通过和公布，意味着中国特色社会主义法律体系日臻成熟和完善，这对全面推进依法治国、建设社会主义法治国家将有着深远的历史意义。特别是它在第一百八十五条中所设置的英雄烈士人格利益保护制度，更是为以法治思维和法治方式反对历史虚无主义开民事立法之先河，尤为引人注目。但同时也应当看到，《民法总则》第一百八十五条并非完美无缺，不少人读之总有意犹未尽乃至含混不清之感。为此，笔者不揣浅薄，对该条文的得与失尝试作出粗浅分析，为《民法总则》通过后如何在实体上进一步保护英雄烈士的人格利益进行初步的理论探索。

一 《民法总则》第一百八十五条的"得"

《民法总则》第一百八十五条规定,"侵害英雄烈士等的姓名、肖像、名誉、荣誉,损害社会公共利益的,应当承担民事责任"。该条首次以基本法律中专项条款的方式设置了英雄烈士人格利益保护制度,确立对英雄烈士姓名、肖像、名誉、荣誉的民法保护,开创出对英雄烈士人格利益施以民法保护的立法先河,这对防止以侮辱、诽谤、贬损、丑化等方式侵害英雄烈士人格利益的历史虚无主义侵权行为、保护英雄烈士的人格利益并进而维护社会公共利益具有重大的现实意义,其积极作用和显著效果应予以充分肯定,这就是《民法总则》第一百八十五条之"得"。

二 《民法总则》第一百八十五条的"失"

需要强调的是,这里的"失"并非是失败的"失",而是缺失的"失",它所指向的并不是对《民法总则》第一百八十五条的否定,而是试图说明该条仍有进一步完善的空间。

(一)死者的民法地位仍处于空白状态,致使对英雄烈士人格利益的民法保护缺乏足够的法理支持

尽管《民法总则》第一百八十五条专条设置了英雄烈

士人格利益保护制度，但就法理而言，英雄烈士实质的法律地位仍然是死者即已经死亡的自然人，对英雄烈士人格利益的保护实质上也仍然是对死者的人格利益的保护。因此，对死者法律地位和人格利益的制度设计，是保护英雄烈士人格利益的法理基础。但纵观《民法总则》，死者的民法地位仍处于空白状态，这致使对英雄烈士人格利益的民法保护缺乏足够的法理支持。

一是基于民事权利能力始于出生终于死亡的基本法理，作为已经死亡的自然人的英雄烈士不能够再享有人格权利。《民法总则》第十三条规定，自然人从出生时起到死亡时止，具有民事权利能力，依法享有民事权利，承担民事义务。民事权利能力作为民事主体以自己的名义享有民事权利和承担民事义务的资格，其起始时间被《民法总则》界定为出生和死亡。易言之，自然人在出生之前和死亡之后，并不具备民事权利能力，不能够以自己的名义享有民事权利和承担民事义务，其中当然也包括作为民事权利重要组成部分的人格权利如姓名权、肖像权、名誉权、荣誉权和隐私权等。作为已经死亡的自然人的英雄烈士，其虽与普通死者在很多方面有着诸多不同，但其法律性质仍是死者。因此，基于《民法总则》民事权利能力始于出生终于死亡的基本法理，作为已经死亡的自然人的英雄烈士，不能够再享有姓名权、肖像权、名誉权、荣誉权和隐私权等人格权利。

二是对胎儿的特殊利益保护，更容易使人形成自然人出生之前受保护而死亡之后不受保护的误解。《民法总则》

第十三条确立了民事权利能力始于出生终于死亡的基本法理，但为了更好地保护胎儿的合法权益，其第十六条还确立了对胎儿实施特殊保护的制度，该第十六条规定，涉及遗产继承、接受赠予等胎儿利益保护的，胎儿视为具有民事权利能力。但胎儿出生时为死体的，其民事权利能力自始不存在。于此观察，特别是将《民法总则》第十三条和第十六条结合起来观察，至少在形式上，《民法总则》所规定的民事权利能力同时涉及出生至死亡以及特定情形之下的出生之前（胎儿阶段），至于自然人死亡之后如何，《民法总则》则只字未提，因此，这很容易使人形成自然人出生之前受保护而死亡之后不受保护的误解。

三是《民法总则》没有明确区分民事权利与民事利益的不同，没有区分姓名与姓名权、肖像与肖像权、名誉与名誉权、荣誉与荣誉权的不同，致使英雄烈士人格利益保护制度缺乏足够的法理支持。在《民法总则》第一百八十五条中，民法所保护的法益是英雄烈士的姓名、肖像、名誉和荣誉，按民法法理理解，这里的姓名、肖像、名誉和荣誉，与其第一百一十条所规定的自然人享有的姓名权、肖像权、名誉权和荣誉权具有本质的不同，前者是指四种民事利益，后者则是指四种民事权利。前者是指已经死亡的自然人在死亡之后仍然接受法律保护的法益，后者是指自然人在出生之后和死亡之前所享有的民事权利。但在《民法总则》中，并未明确规定自然人死亡后继续享有人格利益或其人格利益仍然接受法律保护，换句话说，《民法总则》并没有将民事权利与民事利益明确地区分开来，因此，其第一百八十五条所规定的姓名、肖像、名誉和荣誉，究竟是否为民事利益以及为何受到民法的保护等问题并未得到明确回答，这致使其所设计的英雄烈士人格利益保护制度缺乏足够的法理支持。

（二）对英雄烈士人格利益的列举性规定仍有遗漏

《民法总则》第一百八十五条列举了受到民法保护的英雄烈士的四种人格利益即姓名、肖像、名誉和荣誉，这一规定并未涵盖应受民法保护的英雄烈士的所有人格利益，其所遗漏的应受民法保护的英雄烈士的人格利益至少有三项：

一是英雄烈士的隐私。《侵权责任法》第二条第二款明确规定，民事主体的隐私权受民法保护，侵害民事主体隐私权益的应依法承担民事责任；《最高人民法院关于确定民事侵权精神损害赔偿责任若干问题的解释》第三条也规定，非法披露、利用死者隐私，或者以违反社会公共利益、社会公德的其他方式侵害死者隐私的，死者的近亲属可以依法向人民法院提起诉讼请求侵权行为人赔偿精神损害；《民法总则》第一百一十条也明确将隐私权确定为自然人享有的民事权利之一。因此，《民法总则》第一百八十五条只列举姓名、肖像、名誉和荣誉的现行规定，其弊端有四：一是容易造成《民法总则》与其他民事单行法律和司法解释的冲突。《侵权责任法》和《最高人民法院关于确定民事侵权精神损害赔偿责任若干问题的解释》均规定隐私和隐私权是民事主体享有的一种民事权益，而《民法总则》的第一百八十五条却规定革命烈士作为民事主体不再享有隐私这种民事权益;二是容易造成《民法总则》内部的冲突。《民法总则》第一百一十条已然将隐私权确定为民事主体享有的民事权利的一种,但其第一百八十五条却将隐私排除在英雄烈士应受民法保护的人格利益范围之外;三是容易造成社会公众的误解。《民法总则》第一百八十五条的现行规定,从条文字面含义的角度出发,社会公众很容易理解为英雄烈士的隐私并不受民法的保护;四是与民法的平等保护法理相背离。对民事主体的合法权益给予平等保护,是民法的基本法理。《民法总则》第一百八十五条的现行规定,将导致英雄烈士所享有的人格利益的范围少于普通死者所享有的人格利益的结果,直接背离了民法的平等保护原则;五是不利于防止历史虚无主义的侵权行为。在现实生活中,发表历史虚无主义言论行为人往往借助非法披露、利用英雄烈士个人隐私的方法,通过所谓的"揭秘",以达到贬损、丑化英雄烈士人格形象的目的。《民法总则》第一百八十五条的现行规定,无疑不利于防止借助非法披露、利用英雄烈士个人隐私的历史虚无主义的侵权行为。

二是英雄烈士的遗体和遗骨。虽然现行法律并未明确将死者的遗体和遗骨界定为死者的人格利益,但由于众所周知的社会常识,非法利用、损害死者的遗体和遗骨,其行为性质和损害后果,不亚于甚至严重于对死者姓名、肖像、名誉、荣誉和隐私的侵害;其所损害的法律上的利益,与其说是作为民法上的"物"的遗体和遗骨,不如说损害的是死者的人格利益，"挫骨扬灰"所挫扬的并不是死者的骨与灰，而是对死者人格利益更为激烈、更为彻底的否定，死者的遗体和遗骨也因此往往获得了法律的人格意义。正是在这个意义上，《最高人民法院关于确定民事侵权精神损害赔偿责任若干问题的解释》第三条将遗体和遗骨与死者的姓名、肖像、名誉、荣誉和隐私一同作为受民法保护并有权请求精神损害赔偿的利益类型。需要特别注意的是，英雄烈士的遗体和遗骨，不仅体现了英雄烈士作为死者所应享有的人格利益，更鉴于其遗体和遗骨同时还是社会公众寄托民族情感和历史情感的具体所在，因此，英雄烈士的遗体和遗骨更应得到民法的保护。《民法总则》第一百八十五条未将英雄烈士的遗体和遗骨纳入与其姓名、肖像、名誉、荣誉和隐私施以同等保护的范围，实为一大憾事。

　　三是英雄烈士纪念设施。为纪念英雄烈士专门修建的烈士陵园、纪念堂馆、纪念碑亭、纪念塔祠、纪念塑像、烈士骨灰堂、烈士墓等设施，是人们纪念英雄烈士事迹的物理场所，同时也是展现英雄烈士人格精神的具体形象空间。如同英雄烈士的遗体和遗骨，英雄烈士的纪念设施已经脱离了其纯粹的民法上"物"的形态，具有了英雄烈士本人的人格象征意义，同时也成为了社会公众寄托民族情感和历史情感的具体对象。对英雄烈士纪念设施的破坏和污损，不仅侵害了英雄烈士本人的人格利益，同时还构成了对社会公共利益的损害，该种侵权行为若不加以民法上的规制，势必难以达到彻底保护英雄烈士人格利益的目的。

（三）"英雄烈士等"的具体内涵和外延难以确定

《民法总则》第一百八十五条所确定的受民法保护的利益主体是"英雄烈士等"，结合现行法律规定观察，其"英雄烈士"和"等"均难以确定其具体的内涵和外延。

一是"英雄烈士"的内涵和外延难以确定。在我国现行有效的法律体系中，《全国人民代表大会常务委员会关于设立烈士纪念日的决定》《烈士公祭办法》《烈士纪念设施保护管理办法》和《烈士褒扬条例》等均明确使用了"烈士"一词，特别是《烈士褒扬条例》，其第二条和第八条还对在保卫祖国和社会主义建设事业中牺牲的公民于何种情形下获评为烈士作出了具体规定，这实际上是界定了"烈士"的内涵和外延，但这难以完成对"英雄烈士"内涵和外延的界定。一是因为在《烈士褒扬条例》生效之前，我国尚有一部《革命烈士褒扬条例》，依据该条例所批准的"革命烈士"是否在"烈士"之列，《民法总则》并未作出具体规定；二是因为"英雄"一词截至目前并未得到中央立法的采纳，尽管有部分地方立法如《江西省英雄模范褒奖办法》和《天津市表彰人民治安模范暂行条例》等已经使用"英雄"一词，但它们是在"英雄模范"的整体意义上使用的，并不是对"英雄"的单独定义，且其对"英雄模范"本身的定义并没有明确的立法依据，彼此之间的定义也不尽相同。因此，"英雄"一词的内涵和外延着实难以确定。

二是"等"的内涵和外延难以确定。《民法总则》第一百八十五条于"英雄烈士"之后所使用的"等"字，从立法技术和条文逻辑的角度看，是指与"英雄烈士"具有相同或近似法律地位的其他民事主体。但在现行有效的法律体系当中，着实难以找到与英雄烈士处于相同或近似法律地位的其他民事主体。因此，"等"的抽象使用，本意填补立法所不能够的穷尽列举，以防挂一漏万，但却使得对《民法总则》第一百八十五条的理解和适用变得愈加困难了。

（四）有限制保护英雄烈士人格利益的嫌疑

笔者认为，这是《民法总则》第一百八十五条的最大之"失"。根据该条规定，侵害英雄烈士等的姓名、肖像、名誉、荣誉，应当承担民事责任的，还必须满足"损害社会公共利益"的构成要件。从条文的字面含义看，人们很可能对该条形成下面这样的理解：侵权行为人要承担侵害英雄烈士姓名等人格利益所引发的民事责任，其侵权行为不仅侵害了英雄烈士的人格利益，同时还必须损害了社会的公共利益；若侵权行为人的侵权行为只侵害了英雄烈士的人格利益而未损害到社会的公共利益，则侵权行为人无须承担民事责任。

《民法总则》第一百八十五条之所以存在上述如此明显的最大之"失"，是因为它没有将英雄烈士与普通死者区分开来、没有将对英雄烈士人格利益的民法保护与对普通死者人格利益的保护区分开来。所以，它的本意是要特别强调对英雄烈士人格利益的民法保护、是要特别指明侵害英雄烈士人格利益的往往还同时构成了对社会公共利益的损害，但却在实际上增加了侵害英雄烈士人格利益应承担民事责任的构成要件，使社会公共利益未受损害情形下的英雄烈士的人格利益脱离民法的保护，从而导致限制了或缩小了对英雄烈士人格利益的保护。

还必须特别提及的是，要求侵害英雄烈士人格利益的侵权行为承担民事责任须以损害社会公共利益为构成要件，同时还违反了民法的平等原则。如上述，根据《民法总则》第一百八十五条的规定，在保护英雄烈士的人格利益时，侵权行为人承担民事责任的构成要件有二，一是侵害了英雄烈士的人格利益，二是同时还损害了社会的公共利益；但对于普通死者人格利益的保护，根据司法解释的规定，只需要侵害了普通死者的人格利益即可，至于是否损害了社会的公共利益则在所不问。这实际上表明民法保护普通死者的力度大于对英雄烈士的保护，明显地违背了民法的平等原则。

三 《民法总则》通过后如何保护英雄烈士的人格利益

鉴于《民法总则》第一百八十五条存在若干上述之"失"，建议最高人民法院在制定审理涉及保护英雄烈士人格利益案件的司法解释时，对下面问题给予明确规定：

第一，自然人死亡后，其人格利益受民法保护；

第二，英雄烈士的隐私，与其姓名、肖像、名誉、荣誉，均受民法保护；

第三，英雄烈士的遗体、遗骨与具有人格象征意义的英雄烈士纪念设施，参照英雄烈士的人格利益给予保护；

第四，除依据《烈士褒扬条例》和原《革命烈士褒扬条例》认定或批准为烈士或革命烈士的，人民法院有权认定受侵害人是否为英雄烈士；

第五，英雄烈士的人格利益是社会公共利益的组成部分；

第六，侵害英雄烈士人格利益的，除依法承担民事责任外，还应就对社会公共利益的损害承担相应的民事责任。

如何正确理解《民法总则》第一百八十五条的内涵

　　新通过的《民法总则》第一百八十五条规定："侵害英雄烈士等的姓名、肖像、名誉、荣誉，损害社会公共利益的，应当承担民事责任"，从而由此创立了英雄烈士人格利益民法保护制度。自《民法总则》公布以来，学术界和实务界对该条提出了不少质疑，或者质疑该条的立法价值，或者质疑该条的适用技术，乃至于莫衷一是。笔者认为，研判该条的立法价值和适用技术应以正确理解该条的内涵为前提和基础。笔者不揣浅薄，试对该条的内涵作一粗浅分析，以回应理论界和实务界的质疑。

　　第一，"英雄烈士等"是特指而不是泛指。不少人提出，该条中的"英雄烈士等"用语抽象、指向模糊，难以确定它的内涵和外延，从而导致理解和适用上的困难。笔者认为，"英雄烈士等"是特指而不是泛指。在我国法律体系中，"革命烈士"和"烈士"均为法律术语，其批准和评定已由原《革命烈士褒扬条例》和现《烈士褒扬条例》作出了具体翔实的规定，"革命烈士"和"烈士"的内涵和外延也由此获得了清晰的界定。易言之，《民法总则》第一百八十五条中的"英雄烈士等"既包括依据原《革命烈士褒扬条例》所批准的"革命烈士"，也包括现《烈士褒扬条例》所评定的"烈士"，"英雄烈士"可以视为"革命烈士"和"烈士"的上位概念。此外，在理解"英雄烈士等"的内涵时，对于其中的"英雄"和"等"的界定，应以该条既保护英雄烈士本人的人格利益，更保护英雄烈士人格利益所融入的社会公共利益的立法目的作为逻辑指引，凡其人格利益能够融入社会公共利益的，无论是"英雄"，抑或是与"英雄烈士"获得同等受法律保护地位的"等"英雄烈士，均可纳入英雄烈士人格利益民法保护制度中予以保护，当然，对于"英雄"和"等"的具体认定，应在每一个具体案件中，由审判机关以行使司法自由裁量权的方式予以具体确定，不可一概而论。

第二，保护的是英雄烈士的人格利益而不是人格权利。不少人提出，《民法总则》第一百八十五条中"姓名、肖像、名誉、荣誉"法律性质不清、法益属性不明，难以在法理上明确它们的法律地位。笔者认为，英雄烈士等的"姓名、肖像、名誉、荣誉"是英雄烈士享有的、依然受法律保护的人格利益，而不是人格权利。在民法上，基于民事权利能力始于出生终于死亡的基本法理，作为已经死亡的自然人（包括但不限于英雄烈士，其中也包括不属于英雄烈士的普通死者），其因死亡而丧失民事权利能力，不可能再继续享有民事权利（包括但不限于人格权利，其中也包括财产权利）。换句话说，英雄烈士作为已经死亡的自然人，因死亡丧失民事权利能力，不可能再继续享有姓名权、肖像权、名誉权、荣誉权等民事权利，但其死后基于生前享有的姓名权、肖像权、名誉权、荣誉权而继续享有姓名、肖像、名誉、荣誉等人格利益。二者不相矛盾，反而相得益彰。综观世界各国立法，保护死者的人格利益，既是尊护死者尊严的需要，也是各国各民族文明薪火相传的必然，这已经成为世界各国人格权法发展的趋势。

第三，保护英雄烈士的人格利益，但主要保护社会的公共利益。不少人认为，《民法总则》第一百八十五条中"社会公共利益"界定模糊，其与英雄烈士本人的人格利益之间的关系也是语焉不详。笔者认为，这是对该条立法价值的一种误解，是只知其一、不知其二。在该条中，《民法总则》所首先需要保护的当然是英雄烈士本人的人格利益，但这却不是保护的主要对象，主要接受保护的是社会的公共利益。其一，根据民法的平等保护法理，无论是英雄烈士的人格利益，还是普通死者的人格利益，民法均应给予保护，此时，英雄烈士和普通死者作为已经死亡的自然人，其死后的人格利益都毫无例外地接受民法保护，侵害英雄烈士人格利益和侵害普通死者人格利益的侵权行为人均应依法承担相应的民事责任，这是两者的相同之处；其二，侵害英雄烈士的人格利益与侵害普通死者的人格利益又有着本质不同，侵害普通死者人格利益的，往往只构成对普通死者人格利益的侵害和对普通死者近亲属情感利益的侵害，但侵害英雄烈士人格利益的，不仅构成对英雄烈士人格利益的侵害和对英雄烈士近亲属情感利益的侵害，同时还往往构成（当然并不绝对是）对社会公共利益的损害。其原因在于，英雄烈士的人格利益及借以展现其人格利益具体形象空间的英雄事迹、形象和精神，经由历史传承，已经演化、衍生成为中华民族对中国人民在革命斗争、保卫祖国和社会主义现代化建设事业中英勇牺牲精神的共同的历史记忆，深刻蕴含着社会公众的历史情感和民族情感，英雄烈士的人格利益由此融入社会的公共利益之中并成为社会公共利益的重要组成部分。于此而言，侵害英雄烈士人格利益者，较侵害普通死者人格利益者不同的是，还往往构成了对社会公共利益的损害。从民事立法技术的角度观察，如果《民法总则》第一百八十五条只是强调或倡导对英雄烈士的人格利益给予保护，也着实没有立法的必要，因为，无论是英雄烈士的人格利益抑或是普通死者的人格利益，民法均应提供保护。因此，《民法总则》第一百八十五条的要义在于保护社会的公共利益，而不只是保护英雄烈士的人格利益。

第四，该条是实体法规范，而不是程序法或诉讼法规范。不少人提出，《民法总则》第一百八十五条规定侵害社会公共利益的应承担民事责任，但却无法确定由谁代表社会公共利益提起民事诉讼。笔者认为，这是对该条法律性质的误解。《民法总则》在该条所确立的英雄烈士人格利益民法保护制度，在法律性质上属于实体法规定，它负责规定该种侵权行为的构成要件，特别是其中有关客体的要件（英雄烈士的人格利益和社会公共利益），至于在此种侵权法律关系中，由谁提起民事诉讼或由谁享有诉权、如何寻求权利救济等，则不再是作为实体法的《民法总则》的任务，而应当交由作为程序法或诉讼法的《民法诉讼法》或有关民事诉讼的司法解释去完成。因此，以《民法总则》第一百八十五条未明确规定诉权主体为由否认该条立法价值的主张，实质上混淆了实体法与程序法或诉讼法的不同。

《民法总则》第一百八十五条的核心要义是维护社会公共利益

新通过的《民法总则》第一百八十五条创设了英雄烈士人格利益民法保护制度，该条规定："侵害英雄烈士等的姓名、肖像、名誉、荣誉，损害社会公共利益的，应当承担民事责任。"该制度的创设，开创了以立法方式反对历史虚无主义的历史先河，在全面推进依法治国、建设社会主义法治国家的宏大背景下，对以法治思维和法治方式反对历史虚无主义具有里程碑式的意义。但《民法总则》公布后，理论界和实务界有不少人对第一百八十五条所创设的英雄烈士人格利益民法保护制度的立法必要性提出了若干质疑，其中，最典型、最集中的质疑是《民法总则》设置专条保护英雄烈士的人格利益，因无法体现出其与保护普通死者人格利益之间的本质不同，从而并不具备专条立法的必要性。笔者认为，此种观点失之偏颇，只知其一，不知其二，只知该条所要保护的是英雄烈士的人格利益，不知该条所真正要维护的是社会的公共利益；正是由于该条的核心要义是维护社会的公共利益而不是仅仅保护英雄烈士的人格利益，才决定了该条的立法必要性，才决定了《民法总则》设置专条予以保护的必要性。

一 从立法的技术和逻辑的角度观察，《民法总则》第一百八十五条的核心要义是保护社会的公共利益

从立法技术的角度观察，实质上就是从立法的逻辑角度进行观察。在《民法总则》中，第一百八十五条设置于第八章"民事责任"内。第八章"民事责任"从第一百七十六条至第一百八十七条，共计十二个条文，依次规定了一般规定、按份责任、连带责任、责任方式、正当防卫、紧急避险、受益人补偿、自愿救助、英雄烈士保护、责任竞合、民事责任优先等内容。其中，第一百七十六条至第一百七十九条是对民事责任提纲挈领的一般性规定，其他各条则是对民事责任特殊情形的规定。可见，就第一百八十五条与其他各个条文之间的逻辑关系而言，若要证明第一百八十五条能够与其他各条同时存在于《民法总则》第八章"民事责任"中的根据，则必须指明该种侵权行为特别是其民事责任的特殊性。笔者认为，该种侵权行为特别是其民事责任的特殊性，就侵权行为的客观行为、主观过错、损害事实、客观行为与损害事实之间的因果关系四个构成要件而言，其特殊性不在于客观行为、主观过错、客观行为与损害事实之间的因果关系，而在于其所造成损害事实以及该损害事实所产生的民事责任的特殊性。

首先，在客观行为要件方面，侵害英雄烈士人格利益的侵权行为与侵害非英雄烈士的普通死者的人格利益的侵权行为之间并无不同。在司法实践当中，侵害死者的人格利益的侵权行为方式，一般地表现为侮辱、诽谤、贬损、丑化和违反公序良俗的其他方式等方式。这些侵权行为方式，既存在于对英雄烈士人格利益的侵害领域，也同样存在于对普通死者人格利益的侵害领域，这些侵权行为方式不因被侵权人是英雄烈士抑或是普通死者而有所不同，这些侵权行为方式所应承担的民事责任也因此并无不同。所以，《民法总则》第一百八十五条之所以因其特殊性而与其他条文共同存在于第八章"民事责任"的根据，并不在于侵权行为客观要件即侵权行为方式不同及其引发的民事责任的不同。

其次，在主观过错要件方面，根据《侵权责任法》第六条和第七条的规定，侵权行为人因过错侵害他人民事权利的，应当承担侵权责任，这是关于侵权行为主观过错要件的一般性规定；对于侵权行为人不能证明自己有过错而推定侵权行为人有过错从而承担侵权责任（过错推定责任）、侵权人行为不论有无过错也应当承担侵权责任（无过错责任）两种特殊情形，《侵权责任法》明确规定应以法律有规定为前提。换言之，在法律有明确规定过错推定责任和无过错责任的情形下，适用法律的规定；若法律未明确规定过错推定责任或无过错责任，要求侵权行为人承担侵权责任，须仍要求侵权行为人具有过错，否则侵权行为人不承担侵权责任。截至《民法总则》公布时，我国现行法律从未规定侵害英雄烈士人格利益的侵权行为可以使用过错推定责任或无过错责任，因此，侵害英雄烈士人格利益的侵权行为，与其他自然人包括已经死亡的自然人即普通死者的人格利益的侵权行为，均须以具有过错为主观构成要件，二者并无不同。所以，《民法总则》第一百八十五条之所以因其特殊性而与其他条文共同存在于第八章"民事责任"的根据，并不在于侵权行为主观要件即主观过错的不同及其引发的民事责任的不同。

再次，在客观行为与损害事实之间的因果关系方面，凡是侵权行为人应承担侵权责任者，无论侵害的是英雄烈士的人格利益，还是侵害的是普通死者的人格利益，乃至无论是侵害英雄烈士的人格利益、财产利益，抑或是侵害自然人、普通死者还是胎儿的人格权益、财产权益，客观行为与损害事实之间均须具有因果关系，无因果关系的，行为人便无须承担民事责任。就此而言，侵害英雄烈士人格利益的行为与其他侵权行为也并无不同。因此，《民法总则》第一百八十五条之所以因其特殊性而与其他条文共同存在于第八章"民事责任"的根据，并不在于侵权行为与损害事实之间因果关系的不同及其引发的民事责任的不同。

最后，在损害事实方面，根据《侵权责任法》第二条的规定，侵害民事权益的，应当承担侵权责任。在侵害普通死者的侵权行为中，受到侵害的是普通死者的姓名、肖像、名誉、荣誉等人格利益以及普通死者近亲属的情感利益；而在侵害革命烈士的侵权行为中，受到侵害的一方面是英雄烈士的姓名、肖像、名誉、荣誉等人格利益和英雄烈士近亲属的情感利益，另一方面同时又构成了对社会公共利益的损害。由此可以看出，构成对社会公共利益的损害，是侵害普通死者人格利益的侵权行为与侵害英雄烈士人格利益的侵权行为的最大乃至是唯一的本质不同。其原因非常简单，英雄烈士的人格利益及借以展现其人格利益具体形象空间的英雄事迹、形象和精神，经由历史传承，已经演化、衍生成为中华民族对中国人民在革命斗争、保卫祖国和社会主义现代化建设事业中英勇牺牲精神的共同的历史记忆，深刻蕴含着社会公众的历史情感和民族情感，英雄烈士的人格利益由此融入社会的公共利益之中并成为社会公共利益的重要组成部分。故而，侵害英雄烈士人格利益者，往往构成了对社会公共利益的损害。而普通死者由于其"普通"，其人格利益难以融入社会的公共利益之中并成为社会公共利益的重要组成部分，侵害普通死者人格利益的侵权行为，往往只构成对普通死者人格利益及其近亲属情感利益的侵害，与社会公共利益无关。因此，创设英雄烈士人格利益保护制度的第一百八十五条之所以能够与其他条款同时并列载入《民法总则》第八章"民事责任"之中，真正的原因并不在于保护英雄烈士的人格利益，而是在于保护英雄烈士的人格利益已融入的社会公共利益。正是由于保护的法益是社会公共利益这一特殊性，并进而导致侵权行为人应承担的民事责任与侵害私人利益时应承担的民事责任的不同，才使得第一百八十五条能够与其他条文一并规定于《民法总则》的第八章"民事责任"之中。若像有的学者所说的那样，该条的要义只在于保护英雄烈士的人格利益，则着实没有设置单条予以规定的必要。

二 从立法的目的和价值的角度观察，《民法总则》第一百八十五条的核心要义是保护社会的公共利益

从立法价值的角度观察，实质就是从立法目的的角度进行观察。根据《民法总则》第一条的规定，"保护民事主体的合法权益"与"弘扬社会主义核心价值观"均为民法的立法目的，这一立法目的贯穿于民法的基本原则和具体制度设计中，第一百八十五条所创设的英雄烈士人格利益民法保护制度也不例外。

首先，在《民法总则》确立的基本原则中，保护社会的公共利益是民法一项重要原则。《民法总则》第八条规定，民事主体从事民事活动，不得违反法律，不得违背公序良俗，学术界通常将之概括为公序良俗原则。所谓公序良俗是公共秩序和善良风俗的简称，是指一个国家、民族和社会发展所必需的最低限度的伦理道德和社会秩序。民法设立公序良俗原则的目的在于满足维护国家和社会利益的需要，是约束民事行为的最低要求，是当事人行为自主的底线，不可逾越。因此，公民、法人和非法人组织发表与英雄烈士等有关的言论或者实施与英雄烈士等有关的行为时，应恪守公序良俗原则约束民事行为的最低要求，保

护国家利益和社会利益,维系社会存在和发展所需要的一般秩序和道德。

其次,维护社会公共利益是民事主体行使民事权利的题中应有之义。《民法总则》第一百三十一条和第一百三十二条规定,民事主体行使民事权利时,应当履行法律规定的和当事人约定的义务;民事主体不得滥用民事权利损害国家利益、社会公共利益或者他人合法权益。可见,民法一方面保障民事主体按照自己的意愿依法行使权利,不受干涉,另一方面也要求民事主体行使民事权利时不得损害社会的公共利益,损害公共利益者,则构成了对民事权利的滥用,须依法承担相应的民事责任。对社会公共利益的保护与对民事主体民事权利的保护,二者之间系表里关系,唯有维护好社会的公共利益,个人民事权利的实现方能成为可能,诚所谓"皮之不存,毛将焉附"?

最后,英雄烈士的人格利益具有双重属性,既具有公共利益的属性,又具有私人利益的属性,第一百八十五条所侧重保护的,不是具有私人利益属性的英雄烈士的人格利益,而是已经成为社会公共利益重要组成部分的英雄烈士的人格利益,即保护的是社会公共利益。英雄烈士的人格利益作为英雄烈士依法享有的法律上的利益,首先表现为英雄烈士的个人利益,其私益属性自属无疑,毋庸代言。但必须特别申明的是,英雄烈士的人格利益及建立在其人格利益基础之上的英雄烈士的形象、事迹和精神,在战争年代,是表征中华儿女不畏强敌、不怕牺牲、英勇奋争精神的具体载体;在和平年代,是体现中华儿女不惧艰难、勇于开拓、敢于创新的形象空间。换言之，英雄烈士的人格利益及建立在其人格利益基础之上的英雄烈士的形象、事迹和精神，已经成为了中华民族的共同的历史记忆，是中华儿女共同的宝贵的精神财富，已经衍生为社会公众的民族情感和历史情感，从而构成了社会公共利益的重要组成部分，因此它具有浓厚的社会公共利益的属性色彩，对它的保护，究其实质，是对社会公共利益的保护。若将第一百八十五条的要义仅仅认定为对英雄烈士的人格利益实施保护，则势必导致对该条立法内容的必要性的否定。

综上两个方面可以看出，就立法的必要性而言，《民法总则》第一百八十五条之所以具备单独专条立法的必要，不仅在于保护英雄烈士的人格利益，更在于维护英雄烈士的人格利益所融入的社会公共利益。正是由于该条的核心要义是维护社会的公共利益而不是仅仅是保护英雄烈士的人格利益，决定了该条单独设置的必要。那种认为该条只保护英雄烈士的人格利益并进而否定其立法必要性的主张，实质上是借无必要单独保护英雄烈士人格利益为由取消对革命烈士人格利益乃至社会公共利益的保护。如若不是别有用心，则必是没有看到革命烈士人格利益与社会公共利益之间的关系，"非愚则诬"，即是此种情形无疑。

正确理解和适用《民法总则》第一百八十五条应处理的八个重要关系

《民法总则》第一百八十五条创设了英雄烈士人格利益民法保护制度:"侵害英雄烈士等的姓名、肖像、名誉、荣誉,损害社会公共利益的,应当承担民事责任。"笔者认为,这一制度来之不易,应十分珍惜,而对该制度最大的珍惜便是正确理解和适用该制度;在理解和适用该制度时应正确处理以下八个方面的重要关系。

一 正确处理保护死者利益和保护生者权利之间的关系

在理解和适用《民法总则》所确立的英雄烈士人格利益民法保护制度时必须正视的一个普通社会现象是英雄烈士实际均已去世,但是根据《民法总则》第一百八十五条的规定,英雄烈士的去世不影响他们的姓名、肖像、名誉、荣誉等人格利益受民法保护。基于此,笔者认为,理解和适用《民法总则》第一百八十五条所创设的英雄烈士人格利益民法保护制度，首先需要正确处理保护死者利益和保护生者权利之间的关系。

英雄烈士可以称为民法上的"死者"，因此，为何保护英雄烈士的人格利益的问题，在民法法理上首先表现为为何保护死者的人格利益的问题。在民法上，基于民事权利能力始于出生终于死亡的基本法理，自然人死亡后，其不再具有民事权利能力，同时也丧失了享有民事权利和承担民事义务的资格，所以，英雄烈士作为死者，不可能再像具有民事权利能力的生者那样享有人格权利。换言之，生者因为具有民事权利能力，法律应保护其享有的人格权利；英雄烈士由于死亡而丧失民事权利能力，法律不再保护其生前享有的人格权利。这样，形成了法律保护生者而不保护死者的人格权利的局面。

笔者认为，虽然自然人（包括但不限于英雄烈士，也包括普通死者）死亡后因为不再具有民事权利能力、不再具有享有民事权利和承担民事义务的资格、法律由此也不可能继续保护其生前的人格权利，但并不意味着自然人死亡后其基于生前的民事权利而不再享有任何民事利益。通观各国立法，均承认自然人死亡后仍然享有基于其生前的民事权利所产生的民事利益。具体言之，死者生前享有姓名权、肖像权、名誉权、荣誉权等人格权利，但却继续享有基于其生前所享有的姓名权、肖像权、名誉权、荣誉权等人格权利所产生的姓名、肖像、名誉、荣誉等人格利益。保护死者的人格利益和其他民事利益，既是对死者在法律上的尊重，更是保护本国、本民族社会风尚的必然要求。若一个国家的立法放弃对死者利益的保护，文明传承势必断裂、道德底线势必崩溃、社会风尚势必沦落、社会秩序势必紊乱。因此，正确理解和适用《民法总则》第一百八十五条，首先必须承认死者的利益如同生者的权利，均须得到法律的保护，在此基础之上，方能谈及如何具体保护死者以及如何具体保护英雄烈士姓名、肖像、名誉、荣誉等人格利益的问题。

二 正确处理保护英雄烈士和保护普通死者之间的关系

《民法总则》第一百八十五条的规定，已认可英雄烈士作为死者其姓名、肖像、名誉、荣誉仍然受法律的保护，均认为侵害英雄烈士的姓名、肖像、名誉、荣誉的应依法承担侵权责任。但需要注意的是，英雄烈士作为死者和普通死者在其姓名、肖像、名誉、荣誉的保护上，既有共同点，也有不同之处。其原因在于，英雄烈士本身与普通死者之间就既有共同点，也有不同点，这是正确适用《民法总则》第一百八十五条保护英雄烈士姓名、肖像、名誉、荣誉须正确处理的第二个问题。

作为死者，无论是英雄烈士还是普通死者，其共同之处在于他们都是已经死亡的自然人，都因不再具有民事权利能力而丧失了享有民事权利和承担民事义务的资格。因此，法律所能够保护的，是他们所享有的民事利益，而不是生前所享有的民事权利。同时，还必须特别注意的是，两者之所以能够在死后享有民事利益，来自于他们在生前所能够享有的民事权利，而我国法律对他们生前所享有的民事权利并未作出区别性的规定。易言之，英雄烈士生前所享有的民事权利与普通死者生前所享有的民事权利并无性质和范围上的区别，因此，英雄烈士在死后所享有的民事利益与普通死者所享有的民事利益在性质和范围上也应当完全相同，英雄烈士并不享有较普通死者更多的民事利益。

但同时也要看到保护英雄烈士与保护普通死者的不同。英雄烈士均系在革命斗争、保卫祖国和社会主义现代化建设中壮烈牺牲的死者，他们的牺牲及其形象、事迹和精神，无论在战争年代抑或是和平年代，对激励我国人民不畏牺牲、抗争外敌、不畏艰辛、为国家和人民奋斗终生均具有重大的意义。因此，保护英雄烈士的姓名、肖像、名誉、荣誉，与保护普通死者的显著不同之处在于，这不仅是保护死者本人人格利益的需要，同时也是维护社会公共利益的需要。当然，英雄烈士因壮烈牺牲而被奉为楷模，他们往往体现出国家在不同的历史发展时期中民族的价值追求和执政党的政策目标，具有不同于普通死者的历史价值和时代价值，因此，作为已经去世的历史和时代楷模，英雄烈士更容易成为社会公众谈论或研究的对象，也正基于此，英雄烈士较普通死者，更容易受到侵权行为的侵害，更需要得到法律的保护。

三　正确处理保护英雄烈士人格利益和保护其近亲属情感利益之间的关系

在《民法总则》第一百八十五条所规定侵权法律关系中，历史虚无主义言论所侵害的法益往往有三：一是英雄烈士的姓名、肖像、名誉、荣誉等人格利益，二是英雄烈士近亲属所享有的情感利益，三是英雄烈士形象、事迹和精神所融入的社会公共利益。其中，英雄烈士的人格利益与英雄烈士近亲属的情感利益均属于私人利益的范畴。因此，在理解和适用《民法总则》第一百八十五条保护英雄烈士的人格利益时，须正确处理其与保护英雄烈士近亲属的情感利益之间的关系。

作为英雄烈士的近亲属（配偶、父母、子女、兄弟姐妹或其他晚辈直系血亲等），他们与英雄烈士之间因婚姻、血缘等连结为亲属，彼此之间形成情感及受法律保护的情感利益。社会公众对英雄烈士的评价自然影响到甚至是决定了社会公众对其近亲属的评价。侵害英雄烈士人格利益的行为，同时也很可能构成对英雄烈士近亲属的情感利益的损害。因此，在保护英雄烈士人格利益的时候，还应注重对英雄烈士近亲属的情感利益的保护。正确处理好两者之间的关系，关键是要准确定位英雄烈士近亲属在两个不同法律关系中不同的角色、地位和相应的作用。在第一个法律关系中，即在侵害英雄烈士人格利益的法律关系中，由于英雄烈士已经去世，不可能再以原告的身份提起诉讼，只能由其近亲属作为原告提起诉讼，此时，英雄烈士近亲属提起诉讼的目的是为了保护英雄烈士的人格利益；在第二个法律关系中，即在侵害英雄烈士近亲属的情感利益的法律关系中，英雄烈士的近亲属提起诉讼的目的不是为了保护英雄烈士的人格利益，而是为了保护自身所享有的情感利益。当然，特别需要说明的是，上述两个不同的法律关系并非是互不兼容、非此即彼的关系。英雄烈士的近亲属的情感利益之所以遭受侵害，往往是由于侵权行为直接侵害了英雄烈士的人格利益，从而间接致使其近亲属的情感利益遭受损害。因此，在既侵害英雄烈士的人格利益，同时又由此侵害了英雄烈士近亲属的情感利益的时候，英雄烈士的近亲属以原告身份提起诉讼，既可以诉请保护英雄烈士的人格利益，又可以同时主张对自己的情感利益的精神损害赔偿的请求，换言之，既可以通过诉讼保护英雄烈士的人格利益，又可以同时保护自身的情感利益。

四 正确处理保护英雄烈士姓名、肖像、名誉、荣誉和保护英雄烈士其他人格利益和准人格利益之间的关系

根据《民法总则》第一百八十五条的规定，受法律保护的英雄烈士的人格利益分别是姓名、肖像、名誉和荣誉。我们不难发现，在司法实践当中，最容易受到侵害的的确是英雄烈士的姓名、肖像、名誉、荣誉四种人格利

益；但实际上，上述死者人格利益只是英雄烈士容易受到侵害的人格利益的一部分，而并非全部；除姓名、肖像、名誉、荣誉外，英雄烈士的隐私乃至于其遗体、遗骨和英雄烈士纪念设施等，在司法实践中也可能成为侵权人侵害的对象。因此，为实现对英雄烈士人格利益的全面保护，体现出制度设计的前瞻性优势，以防挂一漏万，在理解和适用《民法总则》第一百八十五条保护英雄烈士的人格利益时，应坚持对英雄烈士的姓名、肖像、名誉、荣誉、隐私等人格利益及遗体、遗骨和英雄烈士纪念设施等准人格利益给予一体保护的原则。

关于英雄烈士的隐私，《侵权责任法》第二条第二款明确规定，民事主体的隐私权受民法保护，侵害民事主体隐私权益的应依法承担民事责任；《最高人民法院关于确定民事侵权精神损害赔偿责任若干问题的解释》第三条也规定，非法披露、利用死者隐私，或者以违反社会公共利益、社会公德的其他方式侵害死者隐私的，死者的近亲属可以依法向人民法院提起诉讼，请求侵权行为人赔偿精神损害；《民法总则》第一百一十条也明确将隐私权确定为自然人享有的民事权利之一。因此，《民法总则》第一百八十五条只列举姓名、肖像、名誉和荣誉的现行规定，其弊端有四：一是容易造成《民法总则》与其他民事单行法律和司法解释的冲突。《侵权责任法》和《最高人民法院关于确定民事侵权精神损害赔偿责任若干问题的解释》均规定隐私和隐私权是民事主体享有的一种民事权益，而《民法总则》的第一百八十五条却规定革命烈士作为民事主体不再享有隐私这种民事权益。二是容易造成《民法总则》内部的冲突。《民法总则》第一百一十条已然将隐私权确定为民事主体享有的民事权利的一种，但其第一百八十五条却将隐私排除在英雄烈士应受民法保护的人格利益范围之外。三是容易造成社会公众的误解。《民法总则》第一百八十五条的现行规定，从条文字面含义的角度出发，社会公众很容易理解为英雄烈士的隐私并不受民法的保护。四是与民法的平等保护法理相背离。对民事主体的合法权益给予平等保护，是民法的基本法理。《民法总则》第一百八十五条的现行规定，将导致英雄烈士所享有的人格利益的范围少于普通死者所享有的人格利益的结果，直接背离了民法的平等保护原则。五是不利于防止历史虚无主义的侵权行为。在现实生活中，发表历史虚无主义言论行为人往往借助非法披露、利用英雄烈士个人隐私的方法，通过所谓的"揭秘"，以达到贬损、丑化英雄烈士人格形象的目的。因此，在理解和适用《民法总则》第一百八十五条的时候，应当运用体系解释的方法，将隐私同样理解为应予以保护的人格利益。

关于革命烈士的遗体和遗骨，虽然现行法律并未明确将死者的遗体和遗骨界定为死者的人格利益，但由于众所周知的社会常识，非法利用、损害死者的遗体和遗骨，其行为性质和损害后果，不亚于甚至严重于对死者姓名、肖像、名誉、荣誉和隐私的侵害；其所损害的法律上的利益，与其说是作为民法上的"物"的遗体和遗骨，不如说损害的是死者的人格利益，"挫骨扬灰"所挫扬的并不是死者的骨与灰,而是对死者人格利益更为激烈、更为彻底的否定,死者的遗体和遗骨也因此往往获得了法律的人格意义。正是在这个意义上,《最高人民法院关于确定民事侵权精神损害赔偿责任若干问题的解释》第三条将遗体和遗骨与死者的姓名、肖像、名誉、荣誉和隐私一同作为了受民法保护并有权请求精神损害赔偿的利益类型。需要特别给予注意的是,英雄烈士的遗体和遗骨,不仅体现了英雄烈士作为死者所应享有的人格利益,更鉴于其遗体和遗骨同时还是社会公众寄托民族情感和历史情感的具体所在,因此,英雄烈士的遗体和遗骨更应得到民法的保护。

关于英雄烈士纪念设施,为纪念英雄烈士专门修建的烈士陵园、纪念堂馆、纪念碑亭、纪念塔祠、纪念塑像、烈士骨灰堂、烈士墓等设施,是人们纪念英雄烈士事迹、精神的物理场所,同时也是展现英雄烈士人格精神的具体形象空间。如同英雄烈士的遗体和遗骨,英雄烈士的纪念设施已经脱离了其纯粹的民法上"物"的形态,具有了英雄烈士本人的人格象征意义,同时也成为了社会公众寄托民族情感和历史情感的具体对象。对英雄烈士纪念设施的破坏和污损,不仅侵害了英雄烈士本人的人格利益,同时还构成了对社会公共利益的损害,该种侵权行为若不加以民法上的规制,势必难以达到彻底保护英雄烈士人格利益的目的。

五 正确处理保护私人利益与保护社会公共利益之间的关系

正确理解和适用《民法总则》第一百八十五条时需特别注意，该条创设英雄烈士人格利益民法保护制度的直接目的固然是为了保护英雄烈士的人格利益和其近亲属的情感利益，但其根本的立法目的应该是保护社会的公共利益。英雄烈士的人格利益及建立在其人格利益基础之上的英雄烈士的形象、事迹和精神，在战争年代，是表征中华儿女不畏强敌、不怕牺牲、英勇奋争精神的具体载体；在和平年代，是体现中华儿女不惧艰难、勇于开拓、敢于创新的形象空间。换言之，英雄烈士的人格利益及建立在其人格利益基础之上的英雄烈士的形象、事迹和精神，已经成为了中华民族的共同的历史记忆，是中华儿女共同的宝贵的精神财富，已经衍生为社会公众的民族情感和历史情感，从而构成了社会公共利益的重要组成部分。因此，正确理解和适用《民法总则》第一百八十五条时，应同时坚持保护社会公共利益的原则，应处理好保护英雄烈士及其近亲属的私人利益与社会公共利益之间的关系。

坚持社会公共利益保护原则，在理解和适用《民法总则》第一百八十五条时，可以表现为对公序良俗原则的援引。民法设立公序良俗原则的目的在于满足维护国家和社会利益的需要，是约束民事行为的最低要求，是当事人行为自主的底线，不可逾越。英雄烈士的人格利益不仅关系到英雄烈士及其近亲属的个人利益，而且还关系到社会公众的公共利益。因此，正确理解和适用《民法总则》第一百八十五条必然要求公民、法人和其他组织发表与英雄烈士有关的言论或者实施与英雄烈士有关的行为时，应恪守公序良俗原则，以此实现约束民事行为的最低要求，保护国家利益和社会利益，维系社会存在和发展所需要的一般秩序和道德。

六 正确处理言论、学术自由与侵权行为之间的关系

在理解和适用《民法总则》第一百八十五条时，不难发现发表侵权言论的当事人会毫无例外地认为，其行为系行使宪法和法律所赋予的言论、学术自由的行为，因而并不构成对英雄烈士人格利益的侵犯。言论、学术自由与历史虚无主义言论的侵权行为之间的关系，既是理解和适用《民法总则》第一百八十五条时须正确处理的一项重要关系，也是以法治思维和法治方式反对历史虚无主义须解决的一项重大课题。

笔者完全赞同有关审理涉及侵害英雄烈士名誉荣誉纠纷案件的法院的意见，一般地保护当事人的言论自由、学术自由是我国现行法律的明确规定，从民法的角度看，表达自由已经成为民事主体一般人格尊严的重要内容，但言论自由、学术自由并非没有边界，如超出合理的限度，则会侵害他人的合法权益以及更为重要的社会公共利益。学术自由、言论

自由以不侵害他人合法权益、社会公共利益和国家利益为前提，这是我国宪法所确立的关于自由的一般法律原则，也是为言论自由、学术自由所划定的边界。任何公民在行使言论自由、学术自由及其他自由时，都负有不得超过自由边界的义务。这是法治国家和法治社会对公民的基本要求，也是任何一个公民所应当承担的社会责任。英雄烈士及其事迹所凝聚的民族感情和历史记忆以及所展现的民族精神，是当代中国社会主义核心价值观的重要来源和组成部分，具有巨大的精神价值，也是我国作为一个民族国家所不可或缺的精神内核。对英雄烈士人格利益的损害，既是对英雄烈士本人的人格利益的损害，也是对中华民族精神价值的损害。发表侵权言论的行为人完全可以在不损害英雄烈士人格利益和社会公共利益的前提下自由进行学术研究和自由发表言论，包括对英雄烈士英雄事迹的细节进行研究，但发表侵权言论的行为人并非采用此种方式，而是通过所谓的细节研究，甚至是与其他发表侵权言论的行为人的污蔑性谣言遥相呼应，质疑英雄烈士英勇抗敌、舍生取义的基本事实，颠覆英雄烈士的英雄形象，贬损、降低英雄烈士的人格评价。这种"学术研究""言论自由"不可避免地会侵害英雄烈士的人格利益，以及融入了这种人格利益的社会公共利益。

七 正确处理侵权行为和不当行为之间的关系

正确处理侵权行为与不当行为之间的关系，实质是要对涉及英雄烈士名誉荣誉的言论在法律上进行定性。在理解和适用《民法总则》第一百八十五条时，关于侵害英雄烈士人格利益的言论的法律性质，共形成了三种观点：第一，侵害英雄烈士人格利益的言论是一种不宜在法律上评价其性质的行为；第二，侵害英雄烈士人格利益的言论是一种不当言论或行为；第三，侵害英雄烈士人格利益的言论是一种侵权的民事违法行为。

有人认为，侵害英雄烈士人格利益的言论伤害了社会公众的民族情感和历史情感，但由于我国现行法律并未对"社会公众的民族情感和历史情感"的法律地位作出明确的规定，致使持此种观点的人未能对侵害英雄烈士人格利益的言论的性质给予法律意义上的界定；更进一步地，虽然该观点认为作出侵害英雄烈士人格利益的言论的行为人对社会公众的反应应负有较高的容忍义务，但却始终没有指明应负此种较高容忍义务的法律上的原因。相反地，他们认为作出侵害英雄烈士人格利益言论的行为人应负较高的容忍义务的认定，只是基于该言论伤害社会公众民族情感和历史情感这一非法律上的原因。其在法理逻辑上的破绽是显而易见的：由于该言论只是一种伤害社会公众民族情感和历史情感的行为，更由于法律并未明确伤害社会公众民族情感和历史情感的行为的法律性质，因此，应推定该言论是一种合法行为；既然该言论是一种合法行为，又怎么能够要求作出该言论的行为人应就自己的合法言论而去承担较高的容忍义务呢？笔者认为，这种对该言论的未评价或不评价，其实也是一种评价，它所传递的信息或者社会公众所能作出的合理理解是，该言论是一种合法言论，至少是一种不宜在法律上评价其性质的行为。事实上，少数人所持有的该言论系"言论自由"的观点，其法理根基也正在于此。据此，可以得出结论，他们不对该言论的性质进行法律上的评价，便不足以对言论行为人施以较高的容忍义务；不确定言论行为人的较高容忍义务，便容易引发反该言论之言论构成对言论行为人侵权的误解，容易引发该言论系公民行使言论自由权利的误解。

还有人认为侵害英雄烈士人格利益的言论是一种"不当言论和评价"，探究"不当言论和评价"的法律意义为何，须以形成对"不当"的法律意义的准确理解为前提。在我国现行法律体系中，"不当"一词的使用并不罕见，它通常出现在民事法律规范和行政法律规范中。综合民事、行政和诉讼法律规范对"不当"的使用及其具体含义，我们可以得出结论说，"不当"固然是法律对当事人行为的一种判断，但判断的结果却并不是在"合法"和"违法"之间进行选择，而是表现出了第三种可能："不当"的行为是一种合法但却不合理的行为，易言之，"不当"的行为未达到违法的程度，因此不能给予违法的制裁；但同时它又是一种不合理的行为，因此是又一种应当予以纠正的行为。其之所以在合法前提之下发生不合理的情形并应当予以纠止，乃是因为不当的行为违背了法律精神。民事法律规范中的"不当得利"，在于违背了无法律认可原则利益不能发生变动的民法精神，行政法律规范中的明显不当的行政行为，在于违背了合理行政和良好行政的行政法精神。对法律精神的违背，正是不违法的不当行为之所以不当的原因，将侵害英雄烈士人格利益的言论界定为"不当的言论和评价"其含义也应作如此理解。

还有人认为侵害英雄烈士人格利益的言论是一种民事侵权行为，作出该言论的行为人应承担相应的民事法律责任。在实际生活中，该言论的确很可能构成民法上的侵权行为。该言论往往以否定的形式出现，表现为对历史上某些人物、事件和思想的否定；成为其否定对象的人物、事件或思想，当然并非普通意义上的人物、事件或思想，它们往往是中国革命、建设和改革开放过程中具有代表性和典型性的人物、事件或思想，最集中的表现就是英雄烈士。当然，需要说明的是，认定言论是否构成民事侵权行为，不能够脱离具体案件而独立进行，换言之，言论作为一种侵权行为，只能存在于具体的民事案件当中，抽象地认定所有的否定性言论均系侵权行为的观点，违反了最基本的法理逻辑，也与以法治思维和法治方式反对历史虚无主义的原则相悖。即使是在民事案件当中，认定言论是否构成侵权，也应根据《侵权责任法》等法律、法规和司法解释的规定予以认定，不能够脱离具体案情仅仅给予抽象的界定。同时，认定言论是一种侵权的民事违法行为，不仅依赖于具体案件的案情，更依赖于人民法院审判活动的启动。由于人民法院施行"不告不理"的司法原则，在英雄烈士近亲属未提起民事诉讼或英雄烈士没有近亲属的情形下，人民法院不能主动启动审判程序径直认定案涉言论系一种民事侵权行为。因此，在审判活动发动之前，尚不能由英雄烈士近亲属或其他没有法律上利害关系的公民、法人和其他组织单方面宣称未经法院审理认定的案涉言论已构成民事侵权。

经由以上分析，对于侵害英雄烈士人格利益言论法律性质的判断，应具体区分两种情形分别予以对待：第一，在具体案件中，须认定案涉言论是否构成侵权时，其符合侵权行为构成要件的，应认定是一种民事侵权的违法行为，作出案涉言论的行为人应依法承担相应的民事法律责任。第二，在具体案件中，无须认定案涉言论是否构成侵权时，鉴于其违反法律精神和法律目的，可认定其系一种不当言论或评价，从而认定作出案涉言论的行为人应对社会公众的反应承担较高的容忍义务。

八 正确处理公益诉讼和普通诉讼之间的关系

在理解和适用《民法总则》第一百八十五条的时候，的确应该考虑到这样一种情形：当英雄烈士因年代久远而没有近亲属，或者英雄烈士有近亲属而近亲属不愿提起诉讼时，如何保护英雄烈士的人格利益和社会的公共利益？有学者提出，应创设保护英雄烈士人格利益的公益诉讼制度，由法定的国家机关和社会组织提起民事公益诉讼，解决此时原告的"缺位"问题，实现对英雄烈士人格利益和社会公共利益的彻底保护。笔者认为，需要注意的是，根据《立法法》第八条的规定，诉讼制度只能制定为法律，不能以法规、规章和司法解释的方式创设，因此，创设保护英雄烈士人格利益的公益诉讼制度，赋予法定的国家机关和社会组织以提起公益诉讼的诉权，需要由全国人大或其常委会作出决定，授权最高人民法院予以具体设计；且设计该公益诉讼制度时，应注意一方面为实现对英雄烈士人格利益以及社会公共利益的有效保护，另一方面又不致公益诉讼的诉权被滥用，维系民事诉讼主体理论和制度的基本架构，应只赋予法定的国家机关和社会组织以诉权，不赋予其他国家机关、社会组织尤其是公民个人以提起公益诉讼的诉权。需要格外说明的是，创设公益制度，是以维护社会公共利益为目的的，因此，只能对既侵害英雄烈士的人格利益同时又损害社会公共利益的行为提起公益诉讼；只侵害了英雄烈士的人格利益、尚未损害社会公共利益的，不能提起公益诉讼。当然，这里的损害社会公共利益，按照侵权法的基本法理，包括现实已发生的损害和有发生损害重大风险两种情形。

《民法总则》第一百八十五条中"社会公共利益"的含义和意义

在理解和适用《民法总则》第一百八十五条时,人们最感困惑的问题是其中的"社会公共利益"如何进行认定。因此,正确理解和适用《民法总则》第一百八十五条,实现对英雄烈士人格利益的有效保护并进而实现对社会公共利益的有效维护,须首先准确厘定"社会公共利益"的含义并进而研判维护社会公共利益的意义。

一 第一百八十五条中"社会公共利益"的含义

准确厘定《民法总则》第一百八十五条中"社会公共利益"的含义,应首先将"社会公共利益"放置于现行法律特别是现行民事法律规范和民事诉讼法律规范中进行考察("社会公共利益"从未脱离过具体的条文语境而得到使用,应当承认,现行法律所使用的所有的"社会公共利益",作为概念其含义是相同的),提炼总结出现行法律对

"社会公共利益"的使用系基于何种语境和逻辑，从而为准确厘定"社会公共利益"的含义提供法律文本基础。

（一）《民法总则》中"社会公共利益"的使用与指向

《民法总则》在多个条文中使用了"社会公共利益"一词，除第一百八十五条之外，如第一百一十七条规定："为了公共利益的需要，依照法律规定的权限和程序征收、征用不动产或者动产的，应当给予公平、合理的补偿"；第一百三十条规定："民事主体不得滥用民事权利损害国家利益、社会公共利益或者他人合法权益"。

同时必须注意的是，根据民法学界的通说，民法上的公序良俗实际上包含了社会公共利益的内容。特别地，在《民法总则》正式使用公序良俗这一概念之前，民法学界普遍认为，《民法通则》《物权法》《合同法》等民事法律中的"社会公共利益"实际指的就是公序良俗。基于这样的学术传统，我们可以认为，《民法总则》中关于公序良俗的规定实际上也是关于社会公共利益的规定。在《民法总则》中，有多个条文使用了公序良俗这一概念，如第八条规定："民事主体从事民事活动，不得违反法律，不得违背公序良俗"；第十条规定："处理民事纠纷，应当依照法律；法律没有规定的，可以适用习惯，但是不得违背公序良俗"；第一百四十三条规定："不违反法律、行政法规的强制性规定和不违背公序良俗是民事法律行为有效的构成要件"；第一百五十三条第二款规定："违背公序良俗的民事法律行为无效"；等等。

从《民法总则》对上述"社会公共利益"的使用观察，"社会公共利益"的指向至少具有以下三个方面的含义：第一，"社会公共利益"是一种独立的利益类型，它与国家利益、他人合法权益相对应、相区别；第二，"社会公共利益"是一种受民法保护的利益，民事主体进行民事活动应以不损害社会公共利益为前提，损害社会公共利益的民事主体应承担法律上的不利后果，如民事行为无效等；第三，社会公共利益具有较高的法律地位，处理民事纠纷所适用的习惯也不得损害社会公共利益。

（二）其他民商事法律中"社会公共利益"的使用和指向

除《民法总则》外，我国现行其他民事法律也经常使用"社会公共利益"一语，基于民商事法律系同一法律体系即其同质性的考虑，这些民商事法律所使用的"社会公共利益"，也应该与《民法总则》第一百八十五条所规定的"社会公共利益"具有同一含义。因此，梳理其他民商事法律对"社会公共利益"的使用，对确定《民法总则》第一百八十五条中"社会公共利益"的含义具有直接的、重要的参考意义。

《民法通则》第七条规定："民事活动应当尊重社会公德，不得损害社会公共利益，扰乱社会经济秩序"；第四十九条规定："企业法人从事法律禁止的其他活动，损害国家利益或者社会公共利益的，除法人承担责任外，对法定代表人可以给予行政处分、罚款，构成犯罪的，依法追究刑事责任"；第五十五条规定："民事法律行为不违反法律或者社会公共利益"；第五十八条规定："违反法律或者社会公共利益的民事行为无效"；第一百五十条规定："依照本章规定适用外国法律或者国际惯例的，不得违背中华人民共和国的社会公共利益"；等等。

《物权法》第七条规定："物权的取得和行使，应当遵守法律，尊重社会公德，不得损害公共利益和他人合法权益"；第四十二条第一款规定："为了公共利益的需要，依照法律规定的权限和程序可以征收集体所有的土地和单位、个人的房屋及其他不动产"；第一百四十八条规定："建设用地使用权期间届满前，因公共利益需要提起收回该土地的，应当依照本法第四十二条的规定对该土地上的房屋及其他不动产给予补偿，并退还相应的出让金"；等等。

《合同法》第七条规定："当事人订立、履行合同，应当遵守法律、行政法规，尊重社会公德，不得扰乱社会经济秩序，损害社会公共利益"；第五十二条规定："一方以欺诈、胁迫的手段订立合同，损害国家利益的；恶意串通，损害国家、集体或者第三人利益的；损害社会公共利益的合同无效"；等等。

《全国人民代表大会常务委员会关于〈中华人民共和国民法通则〉第九十九条第一款、〈中华人民共和国婚姻法〉第二十二条的解释（草案）》规定："公民依法享有姓名权。公民行使姓名权，还应当尊重社会公德，不得损害社会公共利益"。

此外,《最高人民法院关于审理消费民事公益诉讼适用法律若干问题的解释》和《最高人民法院关于审理环境民事公益诉讼案件适用法律若干问题的解释》两部司法解释也多次使用了"社会公共利益"的概念。

从《民法通则》《物权法》和《合同法》及司法解释对上述"社会公共利益"的使用观察,"社会公共利益"的指向至少具有以下三个方面的含义:第一,"社会公共利益"与社会公德、社会经济秩序属于同位概念,居于同等地位;第二,"社会公共利益"不同于社会公德和社会经济秩序;第三,社会公共利益受民法保护,违背社会公共利益的应承担不利的法律后果,如行为或合同无效等;第四,社会公共利益较其他类型的利益具有优先性,为社会公共利益的需要可合法限制或剥夺其他类型的利益,但须对其他类型利益的权利人给予补偿。

(三) 民事程序法中对"社会公共利益"的使用和指向

《民事诉讼法》第五十五条规定,对污染环境、侵害众多消费者合法权益等损害社会公共利益的行为,法律规定的机关和有关组织可以向人民法院提起诉讼。第二百零八条第一款和第二款规定,最高人民法院检察院对各级人民法院已经发生法律效力的判决、裁定,上级人民检察院对下级人民法院已经发生法律效力的判决、裁定,发现有本法第二百条规定情形之一的,或者发现调解书损害国家利益、社会公共利益的，应当提出抗诉。地方各级人民检察院对同级人民法院已经发生法律效力的判决、裁定，发现有本法第二百条规定情形之一的，或者发现调解书损害国家利益、社会公共利益的，可以向同级人民法院提出检察建议，并报上级人民检察院备案；也可以提请上级人民检察院向同级人民法院提出抗诉。第二百三十七条第三款规定，人民法院认定执行该裁决违背社会公共利益的，裁定不予执行，等等。

《最高人民法院关于适用〈中华人民共和国民事诉讼法〉的解释》以及其他一系列司法解释也更加普通地使用"社会公共利益"的表述方式，其含义也不外于民商事实体法中"社会公共利益"的含义。

（四）《民法总则》第一百八十五条中"社会公共利益"的含义

根据《民法总则》第一百八十五条的条文原意，并结合民商事实体法和民事程序法中对"社会公共利益"或"公共利益"的使用，我们可以对该条中"社会公共利益"的含义或其法律特征概括如下：

第一，社会公共利益是一种独立的利益类型，与国家利益、集体利益或私人利益相区别；

第二，社会公共利益受民法保护，并与社会公共道德、社会公共秩序相区别；

第三，社会公共利益在受民法保护的利益群中具有优先地位，当社会公共利益与受民法保护的其他利益相冲突时，民法将优先保护社会公共利益，甚至为社会公共利益的需要，民法可限制或剥夺其他类型的利益，当然须以向其他类型利益权利人提供补偿为条件；

第四，损害社会公共利益的，应承担民法上的不利后果。

二 《民法总则》第一百八十五条 "社会公共利益"的意义

从法律文本的逻辑体系出发，对《民法总则》第一百八十五条的性质、地位和作用的研判，首先应对该条在《民法总则》篇章中的结构形成准确认知。显而易见的是，该条处于《民法总则》第八章"民事责任"之中，该条的立法意图也在于确立一种应承担民事责任的特殊情形，其关键词或核心是民事责任，而不是条文中的其他表述。与第八章"民事责任"其他条文相比，该种民事责任的特殊之处是形成对社会公共利益遭受损害的填补机制，换句话说，《民法总则》第一百八十五条所规定的民事责任是损害社会公共利益情形下的一种特殊民事责任。通过此种民事责任的确立，进一步地、更加明确地将社会公共利益规定为一种受民法保护的利益类型；通过对此种民事责任的特殊性的确立，进一步地、更加明确地将社会公共利益与其他类型的利益区别开来；通过承担民事责任的方式实现对社会公共利益的保护，进一步地、更加明确地赋予社会公共利益以优先保护的地位，从而排除、否定了言论自由、学术自由或表达自由存在于社会公共利益之上的论断，最终将言论自由、学术自由或表达自由限制在社会公共利益不受损害的前提之下。

《民法总则》第一百八十五条中民事责任的方式

确定《民法总则》第一百八十五条中"民事责任"的具体方式,应坚持以下逻辑进路:第一,现行民法中规定的民事责任有哪些?第二,在现行民法所规定的民事责任中,哪些民事责任适用于侵害姓名、肖像、名誉、荣誉等人格利益的侵权行为?第三,在现行民法所规定的民事责任中,哪些民事责任适用于侵害社会公共利益的侵权行为?第四,哪些民事责任适用于侵害英雄烈士人格利益和社会公共利益的侵权行为?

一 现行民法中规定的民事责任

在现行民法中,对于民事主体违反法律规定和当事人约定应当承担的民事责任的方式,《民法总则》《民法通则》《侵权责任法》和《合同法》均给予列举性的规定。

《民法总则》第一百七十九条专条规定了民事主体承担民事责任的具体方式,共计十一种,分别是:(一)停止侵害；（二）排除妨碍；（三）消除危险；（四）返还财产；（五）恢复原状；（六）修理、重作、更换；（七）继续履行；（八）赔偿损失；（九）支付违约金；（十）消除影响、恢复名誉；（十一）赔礼道歉。

《民法通则》第一百三十四条也对民事主体承担的民事责任的具体方式作出了规定，在该法中，承担民事责任的方式主要有：（一）停止侵害；（二）排除妨碍；（三）消除危险；（四）返还财产；（五）恢复原状；（六）修理、重作、更换；（七）赔偿损失；（八）支付违约金；（九）消除影响、恢复名誉；（十）赔礼道歉。

《侵权责任法》第十五条规定在侵权关系中承担侵权责任的方式主要有：（一）停止侵害；（二）排除妨碍；（三）消除危险；（四）返还财产；（五）恢复原状；（六）赔偿损失；（七）赔礼道歉；（八）消除影响、恢复名誉。

《合同法》第一百零七条规定在合同关系中，当事人一方不履行合同义务或者履行合同义务不符合约定的，应当承担继续履行、采取补救措施或者赔偿损失等违约责任。此外，《合同法》第一百一十一条、第一百一十四条和第一百一十五条还规定了修理、更换、重作、退货、减少价款或报酬、支付违约金、无权要求返还定金或双倍返还定金等违约责任。

综上可见，现行民法共规定了如下十五种承担民事责任的具体方式：（一）停止侵害；（二）排除妨碍；（三）消除危险；（四）返还财产；（五）恢复原状；（六）修理、重作、更换；(七)继续履行；(八)赔偿损失；(九)支付违约金；(十)消除影响、恢复名誉；(十一)赔礼道歉；(十二)采取补救措施；(十三)退货；(十四)减少价款或报酬；(十五)无权要求返还定金或双方返还定金。

在分析研判《民法总则》《民法通则》《侵权责任法》和《合同法》所规定的民事责任时，必须注意的问题是：第一，无论是《民法总则》《民法通则》，还是《侵权责任法》《合同法》，它们所规定的民事主体承担的民事责任的具体方式，只是一种列举性的规定，只是对民事责任方式中主要责任方式的规定，而并非是对民事责任方式穷尽式的规定，不排除在它们规定之外仍有其他民事责任方式的可能，如《民法总则》第一百七十九条中"承担民事责任的方式主要有"中的"主要"一语、《民法通则》第一百三十四条中"承担民事责任的方式主要有"中的"主要"一语、《侵权责任法》第十五条中"承担侵权责任的方式主要有"中的"主要"一语、《合同法》第一百零七条中"应当承担继续履行、采取补救措施或者赔偿损失等违约责任"中的"等"字，即是说明它们所规定的只是民事责任方式的一部分或主要部分，而并非全部。第二，它们所规定的民事责任，就其内部根据责任发生的原因，又可以大致划分为侵权责任与违约责任两种类型，即有的责任方式只适用于侵权行为而不能适用于违约行为，有的责任方式只适用于违约行为而不能适用于侵权行为。鉴于侵害英雄烈士人格利益和损害社会公共利益的行为系侵权行为，因此，在探究何种民事责任具体方式适用于侵害英雄烈士人格利益和损害社会公共利益的侵权行为时，必须排除现行民法中规定的只适用于违约行为的民事责任方式，从而在适用侵权行为的民事责任方式中确定侵害英雄烈士人格利益和损害社会公共利益应当承担的民事责任的具体方式，这样，继续履行，采取补救措施，修理、更换、重作，减少价款或报酬，退货，支付违约金，无权要求返还定金或双方返还定金等用于承担违约责任的方式因只能适用于违约行为而不能适用于侵权责任而被排除在侵害英雄烈士人格利益和社会公共利益的民事责任方式之外。

二 侵害人格权益应承担的民事责任的方式

已如上述，在现行民法所规定的民事责任方式中，鉴于侵害英雄烈士人格利益和社会公共利益的行为系侵权行为之一，因此，唯有停止侵害、排除妨碍、消除危险、返还财产、恢复原状、赔偿损失、赔礼道歉、消除影响、恢复名誉等民事责任方式适用于侵权行为，因此，我国现行民法所规定的侵害姓名和姓名权、肖像和肖像权、名誉和名誉权、荣誉和荣誉权等人格权利和人格利益时应承担的民事责任的具体方式也就只能在这些民事责任方式中予以确定。

《民法通则》第一百二十条规定，公民的姓名权、肖像权、名誉权、荣誉权受到侵害的，有权要求停止侵害，恢复名誉，消除影响，赔礼道歉，并可以要求赔偿损失。

《侵权责任法》第二十条规定，侵害他人人身权益造成财产损失的，按照被侵权人因此受到的损失赔偿；被侵权人的损失难以确定的，侵权人因此获得利益的，按照其活动利益赔偿；侵权人因此获得的利益难以确定，被侵权人和侵权人就赔偿数额协商不一致，向人民法院提起诉讼的，由人民法院根据实际情况确定赔偿数额。第二十二条规定，侵害他人人身权益，造成他人严重精神损害的，被侵权人可以请求精神损害赔偿。

《最高人民法院关于审理利用信息网络侵害人身权益民事纠纷案件适用法律若干问题的规定》第十六条规定，人民法院判决侵权人承担赔礼道歉、消除影响或者恢复名誉等责任形式的，应当与侵权的具体方式和所造成的影响范围相当。第十七条规定，网络用户或者网络服务提供者侵害他人人身权益，造成财产损失或者严重精神损害的，被侵权人依据《侵权责任法》第二十条和第二十二条的规定请求其承担赔偿责任的，人民法院应予支持；第十八条规定，被侵权人为制止侵权行为所支出的合理开支，可以认定为《侵权责任法》第二十条规定的财产损失。合理开支包括被侵权人或者委托代理人对侵权行为进行调查、取证的合理费用。人民法院根据当事人的请求和具体案情，可以将符合国家有关部门规定的律师费用计算在赔偿范围内。被侵权人因人身权益受侵害造成的财产损害或者侵权人因此获得的利益无法确定的，人民法院可以根据具体案情在50万元以下的范围内确定赔偿数额。精神损害的赔偿数额，依据《最高人民法院关于确定民事侵权精神损害赔偿责任若干问题的解释》第十条的规定予以确定。

《最高人民法院关于确定民事侵权精神损害赔偿责任若干问题的解释》第一条规定，自然人因下列人格权利遭受非法侵害，向人民法院起诉请求赔偿精神损害的，人民法院应当依法予以受理：（一）生命权、健康权、身体权；（二）姓名权、肖像权、名誉权、荣誉权；（三）人格尊严权、人身自由权。违反社会公共利益、社会公德侵害他人隐私或者其他人格利益，受害人以侵权为由向人民法院提起请求赔偿精神损害的，人民法院应当依法予以受理。第三条规定，自然人死亡后，其近亲属因下列侵权行为遭受精神痛苦，向人民法院起诉赔偿精神损害的，人民法院应当依法予以受理：（一）以侮辱、诽谤、贬损、丑化或者违反社会公共利益、社会公德的其他方式，侵害死者姓名、肖像、名誉、荣誉；（二）非法披露、利用死者隐私，或者以违反社会公共利益、社会公德的其他方式侵害死者隐私；（三）非法利用、损害遗体、遗骨，或者以违反社会公共利益、社会公德的其他方式侵害遗体、遗骨。第四条规定，具有人格象征意义的特定纪念物品，因侵权行为而永久性灭失或者毁损，物品所有人以侵权为由，向人民法院起诉请求赔偿精神损害，人民法院应当依法予以受理。第八条规定，因侵权致人精神损害，但未造成严重后果，受害人请求赔偿精神损害的，人民法院可以根据情形判令侵权人停止侵害、恢复名誉、消除影响、赔礼道歉。因侵权致人精神损害，造成严重后果的，人民法院除判令侵权人承担停止侵害、恢复名誉、消除影响、赔礼道歉等民事责任外，可以根据受害人一方的请求判令其赔偿相应的精神损害抚慰金。

综上可见,现行民法共规定了如下五种侵害人格权益时应承担的民事责任的具体方式:(一)停止侵害;(二)恢复名誉;(三)消除影响;(四)赔礼道歉;(五)赔偿损失。这里的赔偿损失,既包括物质损害赔偿,也包括精神损害赔偿。其中的物质损害赔偿,又包括被侵权人为制止侵权行为所支出的合理开支,如被侵权人或者委托代理人对侵权行为进行调查、取证的合理费用以及合理的律师费用等;其中的精神损害赔偿是指精神损害抚慰金。

三 损害社会公共利益应承担的民事责任的方式

我国现行民法除对侵害人格权益应承担的民事责任的具体方式作出规定外,对侵害社会公共利益应承担的民事责任的具体方式也作出了相应的规定,这可以成为因侵害英雄烈士人格利益而损坏社会公共利益应承担民事责任的方式的借鉴。

《最高人民法院关于审理环境民事公益诉讼案件适用法律若干问题的解释》第十八条规定,对污染环境、破坏生态,已经损坏社会公共利益或者具有损害社会公共利益重大风险的行为,原告可以请求被告承担停止侵害、排除妨碍、消除危险、恢复原状、赔偿损失、赔礼道歉等民事责任。第十九条规定,原告为防止生态环境损害的发生和扩大,请求被告停止侵害、排除妨碍、消除危险的,人民法院可以依法予以支持。原告为停止侵害、排除妨碍、消除危险采取合理预防、处置措施而发生的费用，请求被告承担的，人民法院可以依法予以支持。第二十二条规定，原告请求被告承担检验、鉴定费用，合理的律师费用以及为诉讼支出的其他合理费用的，人民法院可以依法予以支持。第三十一条规定，被告因污染环境、破坏生态在环境民事公益诉讼和其他民事诉讼中均承担责任，其财产不足以履行全部义务的，应当先履行其他民事诉讼生效裁判所确定的义务，但法律另有规定的除外。

《最高人民法院关于审理消费民事公益诉讼案件适用法律若干问题的解释》第十三条规定，原告在消费民事公益诉讼中，请求被告承担停止侵害、排除妨碍、消除危险、赔礼道歉等民事责任的，人民法院可予支持。第十七条规定，原告为停止侵害、排除妨碍、消除危险采取合理预防、处置措施而发生的费用，请求被告承担的，人民法院可予支持。第十八条规定，原告及其诉讼代理人对侵权行为进行调查、取证的合理费用、鉴定费用、合理的律师代理费用，人民法院可根据实际情况予以相应支持。

综上可见，现行民法共规定了如下六种损害社会公共利益时应承担的民事责任的具体方式：（一）停止侵害；（二）排除妨碍；（三）消除危险；（四）恢复原状；（五）赔礼道歉；（六）赔偿损失。这里的赔偿损失，包括原告为停止侵害、排除妨碍、消除危险采取合理预防、处置措施而发生的费用，也包括原告为诉讼而支出的合理费用，如请求检验、鉴定费用，合理的律师费用以及为诉讼支出的其他合理费用等。同时必须注意的是，被告因损害社会公共利益和损害人格权益均应承担责任时，若其财产不足以履行全部义务的，应当先履行其他损害人格利益的民事诉讼生效裁判所确定的义务，但法律另有规定的除外。

四 侵害英雄烈士人格利益和损害社会公共利益应承担的民事责任的方式

经由以上分析，以现行法律为依据，侵害英雄烈士人格利益应承担的民事责任的方式：（一）停止侵害；（二）恢复名誉；（三）消除影响；（四）赔礼道歉；（五）赔偿损失。这里的赔偿损失，既包括物质损害赔偿，也包括精神损害赔偿。其中的物质损害赔偿，又包括被侵权人为制止侵权行为所支出的合理开支，如被侵权人或者委托代理人对侵权行为进行调查、取证的合理费用以及合理的律师费用等；其中的精神损害赔偿是指精神损害抚慰金。

经由以上分析，以现行法律为借鉴，因侵害英雄烈士人格利益而损害社会公共利益应承担的民事责任的具体方式：（一）停止侵害；（二）排除妨碍；（三）消除危险；（四）恢复原状；（五）赔礼道歉；（六）赔偿损失。这里的赔偿损失，包括原告为停止侵害、排除妨碍、消除危险采取合理预防、处置措施而发生的费用，也包括原告为诉讼而支出的合理费用，如请求检验、鉴定费用，合理的律师费用以及为诉讼支出的其他合理费用等。

当既因侵害英雄烈士人格利益而承担赔偿损失的民事责任，又因损害社会公共利益而承担赔偿损失的民事责任时，若被告的财产不足以履行全部义务的，应当先履行侵害英雄烈士人格利益的民事诉讼生效裁判所确定的义务，但法律另有规定的除外。

《民法总则》第一百八十五条要求创设民事公益诉讼制度

　　《民法总则》第一百八十五条规定侵害英雄烈士等的姓名、肖像、名誉、荣誉人格利益的侵权人应当承担民事责任，但须以同时损害社会公共利益为前提。根据侵权责任法的基本法理，只是侵害英雄烈士等的人格利益固然需要承担民事责任，且该民事责任的承担不以同时造成对社会公共利益的损害为前提，该民事责任的承担旨在填补英雄烈士等的人格利益所受到的损害。因此，当侵权人因侵害英雄烈士等的人格利益从而致使社会公共利益遭受损害时，侵权人所承担的民事责任既在于填补英雄烈士人格利益所受侵害，又在于填补社会公共利益所受损害。于是，理解和适用《民法总则》第一百八十五条时必然出现另一亟须解决的理论和实践问题：该条设置的民事责任既然旨在填补社会公共利益所受到的损害，那么，谁能够代表社会公共利益向侵权人提出主张？显然，提出主张者不能够再是英雄烈士等的近亲属，因为英雄烈士等的近亲属只能作为英雄烈士等人格利益受侵害或自身情感利益受侵害的主张者，而不能因其具有英雄烈士等近亲属的身份而自然或天然地获得社会公共利益代表者的资格。笔者认为，唯有创设民事公益诉讼制度并通过该制度赋予法定的国家机关和社会组织以社会公共利益代表者的资格方能解决这一问题。这虽然不再是作为实体法的《民法总则》的任务而属于诉讼法的范畴，但却是保证《民法总则》第一百八十五条得到有效施行并进而保护英雄烈士等的人格利益和社会公共利益的必然要求。此时，也形成了实体法和诉讼法相互配合、相得益彰的制度格局。进而言之，当侵权人因侵害英雄烈士等的人格利益而损害社会公共利益时，若因年代久远等原因致使英雄烈士等没有近亲属，或英雄烈士等有近亲属而近亲属不愿提起诉讼时，英雄烈士等的人格利益将无法借助民事诉讼的途径获得保护，此时又遑论能够维护社会的公共利益？由此观之，民事公共利益制度的创设，的确是有效施行《民法总则》第一百八十五条的必然要求。

一　民事公益诉讼的基本特征及其在我国的既有实践

顾名思义，公益诉讼是指维护社会公共利益的诉讼，具体而言，它是指有关国家机关、社会组织（团体）和公民个人，对违反法律、法规并侵犯国家利益、社会利益或不特定多数人的利益的行为，向审判机关提起诉讼，由审判机关依法追究其法律责任的诉讼活动。以诉讼对象为区分标准，公益诉讼可具体分类为民事公益诉讼和行政公益诉讼，前者是指对民事主体的民事违法行为提起的诉讼，后者是指对行政主体的行政违法行为提起的诉讼。公益诉讼制度起源于西方国家（一般认为美国是公益诉讼制度的创始国），大约在20世纪80年代被引介到我国，经由学术争论和实践探索，目前已经成为我国一项非常重要的诉讼法律制度。

（一）民事公益诉讼的基本特征

与刑事诉讼和行政诉讼相比较，特别与一般民事诉讼相比较，民事公益诉讼通常具有以下几个方面的显著特征：

第一，民事公益诉讼以维护社会公共利益为目的，以实现公共利益最佳化、最大化为宗旨。一般民事诉讼往往旨在解决私人之间的民事纠纷，以维护私人的私益为目的。虽然一般民事诉讼的目的中也包含着维护社会公共利益的内容，但一般民事诉讼对社会公共利益的维护需借助于维护私人利益的方式并因而在最终的意义上实现对公共利益的维护，因此，一般民事诉讼对公共利益的维护只是一种间接方式，其直接目的仍然是对个体私益的 种确认和保护。公益民事诉讼能够区别于一般民事诉讼最本质的特征便是对社会公共利益的一种直接保护，其诉讼请求所涉及的利益是不特定多数社会公众的共同利益。

第二，民事公益诉讼原告为与民事违法行为并不具有直接法律上利害关系的国家机关、社会组织（团体）或公民个人。在一般民事诉讼当中，作为最为基本的起诉条件，原告必须是与案件有直接法律利害关系的公民、法人和其他组织；若原告与案件没有法律上的直接利害关系，审判机关将认定原告的起诉行为不符合法定的起诉条件，并据之作出不予受理的裁定（当然，原告对裁定不服的，可以提起上诉）。而在民事公益诉讼中，作为起诉主体的原告的范围是极其广泛的，它不局限于民事权益遭受损害从而与案件具有直接法律上利害关系的当事人，特定的机关、组织和公民个人均可以公共利益遭受侵害为由向审判机关提起民事诉讼，此时，提起诉讼的特定的机关、组织和公民个人所代表的是国家或者是社会公众。

第三，民事公益诉讼的判决效果往往具有社会性。在一般民事诉讼中，由于审判机关所裁判的诉争往往只关涉到双方当事人的私益，判决的结果局限于对双方当事人之间民事权利和义务的确定和保护，因此只对双方当事人具有法律约束力，它的判决效果也因此更多地表现在当事人范围之内，难以辐射到范围更广的社会领域。而在民事公益诉讼中，由于原告所试图维护的利益是社会公共利益，涉及不特定多数社会公众的共同的、普通的利益，因此，社会公共利益的公共性、集合性使得民事公益诉讼的判决结果具有了社会性的特征，它不仅对双方当事人产生法律上的约束力，更容易规范和引导社会公众的行为，更能够对公共政策发生影响。就时空角度观察，民事公益诉讼的判决效果不仅对当下产生影响，甚至对未来法律与政策的形成和完善发挥着极为重要的作用。

（二）民事公益诉讼在我国的既有实践

经由学术争论和实践探索，民事公益诉讼在我国已经从一种理论学说发展成一项法律制度，成为一种鲜活的法治实践活动。

2012年修正、2013年1月1日施行的《民事诉讼法》第五十五条规定，对污染环境、侵害众多消费者合法权益等损害社会公共利益的行为，法律规定的机关和有关组织可以向人民法院提起诉讼。2013年新修改、2014年3月15日施行的《消费者权益保护法》第四十七条规定，对侵害众多消费者合法权益的行为，中国消费者协会以及在省、自治区、直辖市设立的消费者协会，可以向人民法院提起诉讼，自此我国民事公益诉讼法律制度首先在消费者权益保护领域得以正式确立；紧接着，最高人民法院于2013年12月23日公布了《关于审理食品药品纠纷案件适用法律若干问题的规定》，该规定第十七条第二款规定人民法院在审理食品药品纠纷案件中，消费者协会依法提起公益诉讼的参照适用该规定。2014年新修订、2015年1月1日施行的《环境保护法》第五十八条规定，对污染环境、破坏生态，损害社会公共利益的行为，符合该法规定条件的社会组织可以向人民法院提起诉讼，自此，我国又建立了环境民事公益诉讼制度。同时，为了保证人民法院正确审理环境民事公益诉讼和消费民事公益诉讼案件，最高人民法院又分别于2015年1月6日和2016年5月1日公布了《最高人民法院关于审理环境民事公益诉讼案件适用法律若干问题的解释》和《最高人民法院关于审理消费民事公益诉讼案件适用法律若干问题的解释》，环境民事公益诉讼和消费民事公益诉讼的制度设计愈加精致。2015年1月30日，最高人民法院公布了《关于适用〈中华人民共和国民事诉讼法〉的解释》，该解释设置专节对公益诉讼作出了规定。在此期间，特别值得一提的是，根据2015年5月5日中央全面深化改革领导小组第十二次会议审议通过的《检察机关提起公益诉讼改革试点方案》，全国人大常委会于2015年7月1日通过了《关于授权最高人民检察院在部分地区开展公益诉讼试点工作的决定》，该决定授权最高人民检察院在十三个省、自治区、直辖市内，在生态环境和资源保护、国有资产保护、国有土地使用权出让、食品药品安全等领域开展为期二年的提起公益诉讼的试点工作。自此，我国民事公益诉讼的范围被大大扩展了。

比较、综合我国既有的民事公益诉讼实践，可以发现目前该制度具有以下几个方面的特征：

第一，民事公益诉讼的目的是保护社会公共利益。在消费民事公益诉讼中，被诉的行为是经营者侵害众多不特定消费者合法权益或者具有危及消费者人身、财产安全危险等损害社会公共利益的行为；在环境民事公益诉讼中，被诉的行为是已经损坏社会公共利益或者具有损害社会公共利益重大风险的污染环境、破坏生态的行为；在检察机关提起的民事公益诉讼中，被诉的行为是污染生态环境、危害食品药品安全等侵害社会公共利益的行为。可见，民事公益诉讼中，被诉行为均具有侵害社会公共利益的属性，民事诉讼的直接目的就在于保护社会公共利益。

第二，民事公益诉讼的原告是特定国家机关和社会组织，公民个人不能提起民事公益诉讼。在消费民事公益诉讼中，能够作为原告提起诉讼的只能是中国消费者协会以及在省、自治区、直辖市设立的消费者协会；在环境民事公益诉讼中，能够作为原告提起诉讼的只能是依照法律、法规的规定，在设区的市以上人民政府民政部门登记的社会团体、民办非企业单位以及基金会等社会组织；在检察机关提起的民事公益诉讼中，原告就是以"公益诉讼人"身份出现的各级检察机关。

第三，原告所维护的社会公共利益，必须与原告的宗旨或业务范围具有关联性。在消费公益诉讼中，作为原告的中国消费者协会以及在省、自治区、直辖市设立的消费者协会，它们是保护消费者合法权益的全国性和地方性社会团体，保护消费者合法权益是其重要宗旨；在环境公益诉讼中，作为原告的社会组织必须是专门从事环境保护公益活动的维护社会公共利益的社会组织；在检察机关提起的民事公益诉讼中，作为法律监督机关的检察机关，以"公益诉讼人"的国家机关的身份代表国家。

第四，民事公益诉讼案件一般由中级人民法院管辖第一审。公益诉讼案件应由侵权行为地或者被告住所地中级人民法院管辖。在消费公益诉讼中，经最高人民法院批准，高级人民法院可以根据本辖区实际情况，在辖区内确定部分中级人民法院受理第一审消费民事公益诉讼案件；在环境公益诉讼中，第一审案件由污染环境、破坏生态行为发生地、损害结果地或者被告住所地的中级以上人民法院管辖，中级人民法院认为确有必要的，可以在报请高级人民法院批准后，裁定将本院管辖的第一审环境民事公益诉讼案件交由基层人民法院管辖。经最高人民法院批准，高级人民法院可以根据本辖区环境和生态保护的实际情况，在辖区内确定中级人民法院受理第一审环境民事公益诉讼案件。

第五，原告负有提交被告的行为已经损害社会公共利益或者具有损害社会公共利益重大风险的初步证据材料的义务。在消费公益诉讼中，原告应当提交被告的行为侵害众多不特定消费者合法权益或者具有危及消费者人身、财产安全等损害社会公共利益的初步证据；在环境民事公益诉讼中，原告应当提交被告的行为已经损害社会公共利益或者具有损害社会公共利益重大风险的初步证明材料。

第六，特定国家机关和社会组织有权依法支持民事公益诉讼。在环境公益民事诉讼中，检察机关、负有环境保护监督管理职责的部门及其他机关、社会组织、企业事业单位依据《民事诉讼法》第十五条的规定，可以通过提供法律咨询、提交书面意见书、协助调查取证等方式支持社会组织依法提起环境民事公益诉讼。根据全国人大常委会《关于授权最高人民检察院在部分地区开展公益诉讼试点工作的决定》，在生态环境和资源保护、国有资产保护、国有土地使用权出让、食品药品安全等领域，检察机关在提起民事公益诉讼之前，应当依法支持法律规定的机关或有关组织向人民法院提起民事公益诉讼。

第七，当事人可以和解，人民法院可以调解。在民事公益诉讼中，根据《最高人民法院关于适用〈民事诉讼法〉的解释》第二百八十九条第二、三和四款的规定，当事人可以和解，人民法院可以调解。当事人达成和解或者调解协议后，人民法院应当将和解或者调解协议进行公告，公告期间不得少于三十日。公告期满后，人民法院经审查，和解或者调解协议不违反社会公共利益的，应当出具调解书；和解或者调解协议违反社会公共利益的，不予出具调解书，继续对案件进行审理并依法作出裁判。

第八，民事公益诉讼不影响一般民事诉讼的进行。人民法院受理民事公益诉讼案件，不影响同一侵权行为的受害人依法向人民法院提起的一般民事诉讼。在消费民事公益诉讼中，人民法院受理消费民事公益诉讼案件后，因同一侵权行为受到损害的消费者申请参加诉讼的，人民法院应当告知其根据民事诉讼法的规定另行提起一般民事诉讼；在环境民事公益诉讼中，法律规定的机关和社会组织提起环境民事公益诉讼的，不影响因同一污染环境、破坏生态行为受到人身、财产损害的公民、法人和其他组织依照民事诉讼法提起的一般民事诉讼。

第九，民事公益诉讼不得牟取经济利益。特定国家机关和社会组织提起民事公益诉讼不得以牟取经济利益为目的。在消费民事公益诉讼中，原告及其代理人对侵权行为进行调查、取证的合理费用、鉴定费用、合理的律师代理费用，人民法院可以根据实际情况予以相应支持；在环境民事公益诉讼中，社会组织有通过诉讼违法收受财物等牟取经济利益行为的，人民法院可以根据情节轻重依法收缴其非法所得、予以罚款；涉嫌犯罪的，依法移送有关机关处理。同时，对于通过诉讼牟取经济利益的社会组织，人民法院应当向登记机关或者有关机关发送司法建议，由其依法处理。

二 创设维护因侵害英雄烈士等的人格利益而损害的社会公共利益的民事公益诉讼制度的重点建议

基于上，建议全国人大常委会和最高人民法院修改完善有关法律和司法解释，为有效施行《民法总则》第一百八十五条设置的英雄烈士人格利益民法保护制度，更好地维护社会公共利益，创设维护因侵害英雄烈士等的人格利益而损害的社会公共利益的民事公益诉讼制度，并具体明确：

一、以侮辱、诽谤、贬损、丑化等方式侵害历史人物的名誉、荣誉，从而损害社会公共利益的，法律规定的国家机关和社会组织可以向人民法院提起民事公益诉讼；

二、提起民事公益诉讼的社会组织，其章程确定的宗旨和主要业务范围应是维护社会公共利益且从事历史学术研究活动；

三、该民事公益诉讼应由中级人民法院管辖，各高级人民法院可以根据本地实际情况，确定审理该民事公益诉讼的中级人民法院，中级人民法院指定由基层人民法院审理，应取得高级人民法院的同意；

四、提起该民事公益诉讼的社会组织，应当向人民法院提交被告的行为已经损害社会公共利益或者具有损害社会公共利益重大风险的初步证据材料；

五、因同一侵权行为，社会组织已提起民事公益诉讼的，不影响历史人物的近亲属就其因该侵权行为所受损害而提起的民事诉讼；

六、该民事公益诉讼，当事人可以和解，人民法院可以调解。当事人达成和解或者调解协议后，人民法院应当将和解或者调解协议进行公告，公告期间不得少于三十日。公告期满后，人民法院经审查，和解或者调解协议不违反社会公共利益的，应当出具调解书；和解或者调解协议违反社会公共利益的，不予出具调解书，继续对案件进行审理并依法作出裁判；

七、特定国家机关和社会组织有权以提供咨询、提供书面法律意见书、协助调查取证等方式依法支持该民事公益诉讼；

八、提起该民事公益诉讼的社会组织不得借诉讼牟取经济利益。

附:《保护革命烈士人格利益民事公益诉讼法》立法建议稿及说明

《保护英雄烈士人格利益民事公益诉讼法》立法建议稿及简要说明

第一章 总则

第一条[立法目的、依据] 为保护英雄烈士的人格利益,弘扬英雄烈士精神,维护社会公共利益,根据《宪法》,制定本法。

说明:本条是关于立法目的和依据的规定。

制定本法,意图创设保护英雄烈士的民事公益诉讼制度,借助国家机关和社会组织提起的民事公益诉讼,保护英雄烈士的人格利益以及由其所融入的社会公共利益,弘扬英雄烈士不畏牺牲的献身精神,激发我国人民实现中华民族伟大复兴的强大精神力量。

第二条[利益范围、属性] 英雄烈士享有姓名、肖像、名誉、荣誉、隐私等人格利益,英雄烈士的人格利益是社会公共利益的重要组成部分。

说明:本条是关于英雄烈士人格利益范围和属性的规定。

根据《民法通则》《民法总则》《侵权责任法》和《民事诉讼法》等法律以及《最高人民法院关于确定民事侵权精神损害赔偿责任若干问题的解释》《最高人民法院关于审理人身损害赔偿案件适用法律若干问题的解释》

《最高人民法院关于适用〈中华人民共和国民事诉讼法〉的解释》和《最高人民法院关于审理名誉权案件若干问题的解答》等司法解释的规定，英雄烈士作为死者享有姓名、肖像、名誉、荣誉、隐私等人格利益。

英雄烈士的人格利益及建立在其人格利益基础之上的英雄烈士精神，在战争年代，是表征中华儿女不畏强敌、不怕牺牲、英勇奋争精神的具体载体；在和平年代，是体现中华儿女不惧艰难、勇于开拓、敢于创新的形象空间。在革命战争、保护祖国和社会主义现代化建设事业中壮烈牺牲的英雄烈士及其精神，已经成为了中华民族的共同的历史记忆，是中华儿女共同的宝贵的精神财富，已经衍生为社会公众的民族情感和历史情感，从而构成了社会公共利益的重要组成部分。

第三条［诉讼创设、主体］　本法规定的国家机关和社会组织，对已经损害社会公共利益或者具有损害社会公共利益重大风险的侵害英雄烈士人格利益的行为，可以向人民法院提起保护英雄烈士人格利益民事公益诉讼（以下简称"民事公益诉讼"）。

说明：本条是关于创设保护英雄烈士人格利益民事公益诉讼制度和诉讼主体的规定。

根据《立法法》第八条的规定，诉讼制度只能制定为法律，不能以法规、规章和司法解释的方式创设。因此，创设保护英雄烈士人格利益的民事公益诉讼制度，赋予法定的国家机关和社会组织以提起民事公益诉讼的诉权，需要由全国人大制定法律予以规定。同时，一方面为实现对英雄烈士人格利益及社会公共利益的有效保护，另一方面又不致民事公益诉讼的诉权被滥用，维系民事诉讼主体理论和制度的基本架构，本法只赋予本法所规定的国家机关和社会组织以诉权，未赋予其他国家机关、社会组织尤其是未赋予自然人个人以提起民事公益诉讼的诉权。需要格外说明的是，创设公益诉讼制度，是以维护社会公共利益为目的，因此，只能对既侵害英雄烈士的人格利益同时又损害社会公共利益的侵权行为提起民事公益诉讼；只侵害了英雄烈士的人格利益、尚未损害社会公共利益的，不能提起民事公益诉讼。当然，这里的对社会公共利益的损害，按照侵权责任法的基本法理，包括现实已发生的损害和有发生损害重大风险两种情形。

第四条〔牟利禁止〕 国家机关和社会组织提起民事公益诉讼应以维护社会公共利益为目的，不得通过诉讼牟取经济利益。

说明：本条是关于禁止国家机关和社会组织借助民事公益诉讼牟取经济利益的规定。

之所以创设保护英雄烈士人格利益的民事公益诉讼制度，在于英雄烈士的人格利益系社会公共利益的重要组成部分，侵害英雄烈士人格利益者，大都同时损害了社会的公共利益。因此，为维护社会的公共利益，本法赋予国家机关和社会组织以提起民事公益诉讼的权利。国家机关和社会组织提起民事公益诉讼自然只能以维护社会公共利益为目的，不以牟取本机关和组织的自身利益为目的；若允许其通过诉讼牟取经济利益，则势必扭曲公益诉讼的制度旨趣，从而无助于社会公共利益的维护。

第五条［普通诉讼］ 国家机关和社会组织提起民事公益诉讼的，不影响英雄烈士近亲属因同一行为就英雄烈士人格利益所受损害或其本人所受精神损害依法提起民事诉讼。

说明：本条是关于普通诉讼及普通诉讼与公益诉讼之间关系的规定。

根据《民事诉讼法》《最高人民法院关于确定民事侵权精神损害赔偿责任若干问题的解释》《最高人民法院关于审理人身损害赔偿案件适用法律若干问题的解释》《最高人民法院关于适用〈中华人民共和国民事诉讼法〉的解释》和《最高人民法院关于审理名誉权案件若干问题的解答》等法律和司法解释的规定，英雄烈士的人格利益遭受侵害的，英雄烈士的近亲属可为保护英雄烈士的人格利益而依法提起民事诉讼；同时，若英雄烈士的近亲属因侵害英雄烈士人格利益的行为而遭受精神痛苦的，也可以为保护自身的精神利益而依法提起民事诉讼。总而言之，英雄烈士近亲属可提起不同于民事公益诉讼的以保护私益为目的的普通民事诉讼。英雄烈士近亲属所提起的普通民事诉讼，系为了保护英雄烈士的人格利益及其本人的精神利益；国家机关和社会组织所提起民事公益诉讼，是出于保护社会公共利益的需要。两种诉讼保护的利益属性不同，可以兼容，不能因国家机关和社会组织提起民事公益诉讼而剥夺英雄烈士近亲属作为普通当事人提起普通民事诉讼的权利。

第二章 公益诉讼的提起

第一节 国家机关提起公益诉讼

第六条［公益诉讼人］ 检察机关对已经损害社会公共利益或者具有损害社会公共利益重大风险的侵害英雄烈士人格利益的行为，可以公益诉讼人的身份向人民法院提起民事公益诉讼。

第七条［诉前程序］ 检察机关在提起民事公益诉讼前，可依法督促或者支持本法规定的其他国家机关和社会组织向人民法院提起民事公益诉讼。

第八条［公益诉讼］ 经诉前程序，本法规定的其他国家机关和社会组织没有向人民法院提起公益诉讼，社会公共利益仍处于受侵害状态的，检察机关可以提起民事公益诉讼。

第九条［诉讼费用］ 检察机关提起民事公益诉讼的，免缴诉讼费用。

说明：第六至九条是关于检察机关提起民事公益诉讼的规定。

检察机关是我国的法律监督机关，其法律监督职能的发挥，对维护宪法法律权威、维护社会公平正义、维护国家和社会公共利益有着不可替代的作用。因此，为维护我国的社会公共利益，应赋予检察机关以提起保护英雄烈士人格利益民事公益诉讼的主体资格。检察机关提起民事公益诉讼，其诉讼权利系其法律监督职能的体现，因此它的身份也不同于民事公益诉讼中作为原告的其他国家机关和

《民法总则》第一百八十五条要求创设民事公益诉讼制度

社会组织。根据最高人民检察院检察长曹建明 2015 年 6 月 24 日在第十二届全国人大常委会第十五次会议上所作的对《关于授权最高人民检察院在部分地区开展公益诉讼改革试点工作的决定（草案）》的说明，检察机关在民事公益诉讼中可称为"公益诉讼人"。同时，由于检察机关具有法律监督机关的法律属性，其职责权限应以"监督"为核心要义，不宜未加任何限制而直接提起民事公益诉讼，本法因此设置检察机关督促或支持其他国家机关和社会组织提起民事公益诉讼的诉前职权；经过诉前程序，其他国家机关和社会组织没有向人民法院提起民事公益诉讼，社会公共利益仍处于受侵害状态的，检察机关方可以提起民事公益诉讼。最后，需要特别说明的是，检察机关提起民事公益诉讼，系其法律监督职权的行使，如同其在刑事诉讼和普通民事诉讼中提起诉讼或提出抗诉，人民法院不应向其收取诉讼费用。

第十条［其他国家机关］　除检察机关外，县级以上人民政府民政部门和其他法律所规定的国家机关，对已经损害社会公共利益或者具有损害社会公共利益重大风险的侵害英雄烈士人格利益的行为，可以原告的身份向人民法院提起民事公益诉讼。

说明：本条是关于检察机关之外其他国家机关提起民事公益诉讼的规定。

根据《烈士褒扬条例》的规定，县级以上人民政府民政部门是烈士褒扬工作的行政主管部门，鉴于民事公益诉讼中的侵权行为既侵害了英雄烈士的人格利益又损害了社会的公共利益，县级以上人民政府的民政部门作为既负有维护社会公共利益职责同时又负责主管烈士褒扬工作的国家机关，就提起公益诉讼所需的知识、经验和技术等各方面因素观察，应为提起保护英雄烈士人格利益民事公益诉讼国家机关的首选。同时，为了适用保护英雄烈士人格利益法律制度在未来发展的需要，本法也考虑到未来其他法律赋予其他国家机关以提起民事公益诉讼职责的可能，故在民政部门之外还规定"其他法律规定的国家机关"也享有民事公益诉讼的诉权，为民事公益诉讼在本法生效以后的发展留下空间。

第二节 社会组织提起公益诉讼

第十一条［社会组织］ 法律、法规规定依法登记的社会团体、民办非企业组织以及基金会等社会组织，对已经损害社会公共利益或者具有损害社会公共利益重大风险的侵害英雄烈士人格利益的行为，可以原告的身份向人民法院提起民事公益诉讼。

第十二条［资格条件］ 提起民事公益诉讼的社会组织，应符合下列条件：

（一）依法在设区的市级以上人民政府民政部门登记；

（二）专门从事历史学术研究活动且连续五年以上无违法记录。

第十三条［登记认定］ 人民法院在审理民事公益诉讼案件时，可以将设区的市，自治州、盟、地区，不设区的地级市，直辖市的区以上人民政府民政部门认定为本法所规定的市级以上人民政府的民政部门。

第十四条［业务认定］ 人民法院在审理民事公益诉讼案件时，可以将章程确定的宗旨和主要业务范围是进行历史学术研究且从事公益活动的社会组织认定为本法所规定的专门从事历史学术研究活动的社会组织。

第十五条［记录认定］ 人民法院在审理民事公益诉讼案件时，可以将社会组织在提起诉讼前五年内未因从事业务活动违反法律、法规的规定受过行政、刑事处罚认定为本法所规定的无违法记录。

说明：第十一至十五条是关于社会组织提起民事公益诉讼的规定。

赋予从事社会公益活动的社会组织以提起公益诉讼的权利，是各国公益诉讼制度的普遍做法，当然，这里的社会组织并非泛指一切社会组织，而是其宗旨或业务范围与所维护的社会公共利益具有关联性的社会组织。唯有具有关联性的社会组织，在提起民事公益诉讼时，方能以其知识、经验、技术等各方面的优势实现对英雄烈士人格利益和社会公共利益更有效的保护，同时又不致民事公益诉讼的诉权被滥用。此外，本法还充分借鉴了已施行的《最高人民法院关于审理消费民事公益诉讼案件适用法律若干问题的解释》和《最高人民法院关于审理环境民事公益诉讼案件适用法律若干问题的解释》两部司法解释的规定，对社会组织的资格条件及其具体认定作出了详细的、具有可操作性的规定。

第十六条［支持诉讼］ 检察机关、县级以上人民政府民政部门及其他国家机关、社会组织、企业事业单位可以通过提供法律咨询、提交书面意见、协助调查取证等方式支持社会组织依法提起民事公益诉讼。

说明：本条是关于社会组织提起民事公益诉讼时获得其他主体支持的规定。

社会组织以维护社会公共利益为目的提起民事公益诉讼，虽其拥有较其他国家机关、社会组织、企业事业单位更多的保护英雄烈士人格利益和社会公共利益的知识、经验和技术优势，但一方面其不可能拥有、掌握和运用全部优势的技能，另一方面维护社会的公共利益是全社会的共同职责，社会组织不可能享有维护社会公共利益的唯一的、排他的垄断地位，因此，社会组织在提起诉讼前和诉讼进行中，检察机关、县级以上人民政府民政部门及其他国家机关、社会组织、企业事业单位可以通过提供法律咨询、提交书面意见、协助调查取证等方式支持其依法提起民事公益诉讼，以实现对英雄烈士人格利益和社会公共利益更好的保护。

第三章　公益诉讼的管辖

第十七条［地域、级别管辖］　第一审民事公益诉讼案件由侵权行为发生地、损害结果地或者被告住所地的中级以上人民法院管辖。

第十八条［特殊地域管辖］　对利用信息网络侵害英雄烈士人格利益和社会公共利益的行为提起民事公益诉讼的，由侵权行为地或者被告住所地人民法院管辖。

侵权行为实施地包括实施被诉侵权行为的计算机等终

端设备所在地，侵权结果地包括英雄烈士事迹发生地和英雄烈士近亲属住所地。

第十九条［特殊级别管辖］　中级人民法院认为确有必要的，可以在报请高级人民法院批准后，裁定将本院管辖的第一审民事公益诉讼案件交由基层人民法院审理。

第二十条［管辖竞合］　同一原告或者不同原告就同一侵害英雄烈士人格利益和社会公共利益的行为分别向两个以上有管辖权的人民法院提起民事公益诉讼的，由最先立案的人民法院管辖，必要时由共同上级人民法院指定管辖。

说明：本章是关于人民法院对民事公益诉讼案件管辖权的规定。

民事公益诉讼在法理上属于因侵权行为提起的民事诉讼，根据《民事诉讼法》第二十八条的规定，因侵权行为提起的诉讼，由侵权行为地或者被告住所地人民法院管辖，同时借鉴《最高人民法院关于审理环境民事公益诉讼案件适用法律若干问题的解释》的规定，本法将民事公益诉讼的管辖地域规定为侵权行为发生地、损害结果地或者被告住所地。此外，由于民事公益诉讼所维护的是社会的公共利益，往往具有较大影响，因此，本法将中级以上人民法院规定为民事公益诉讼的一审法院。考虑到现实生活和司法实践当中，侵害英雄烈士人格利益和社会公共利益的行为往往发生于网络空间中，且利用信息网络侵害英雄烈士人格利益的行为更容易引发对社会公共利益的损害，本法借鉴《最高人民法院关于审理利用信息网络侵害人身权益民事纠纷案件适用法律若干问题的规定》的规定，在赋予侵权行为地或者被告住所地人民法院以民事公益诉讼案件管辖权的同时，还特别规定侵权行为实施地包括实施被诉侵权行为的计算机等终端设备所在地、侵权结果地包括英雄烈士事迹发生地和英雄烈士近亲属住所地。这既达到了司法便民的效果，又借助英雄烈士事迹发生地和英雄烈士近亲属住所地人民法院的管辖，更好地消除、填补了侵权行为对社会公共利益造成的损害。此外，本法还注意到中级人民法院有其既有的审判级别和案件类型，为兼顾实际，允许中级人民法院在认为确有必要且经高级人民法院批准的情形下，将民事公益诉讼案件交由基层人民法院审理。还需要提及的是，鉴于民事公益诉讼案件系以维护社会公共利益为目的的案件，社会组织提起民事公益诉讼不受社会组织自身所在地域的限制，因此很容易出现同一原告或者不同原告就同一侵害英雄烈士人格利益和社会公共利益的行为分别向两个以上有管辖权的人民法院提起民事公益诉讼的情形。为解决因此种竞合情形带来的管辖争议，本法根据民事诉讼的基本法理和通常做法，规定应由最先立案的人民法院管辖，必要时由共同上级人民法院指定管辖。

第四章　公益诉讼权利和义务

第二十一条［起诉条件］　国家机关和社会组织提起民事公益诉讼，符合下列条件的，人民法院应予受理：

（一）有明确的被告；

（二）有具体的诉讼请求和事实、理由；

（三）属于人民法院受理民事诉讼的范围和受诉人民法院管辖。

第二十二条〔起诉材料〕 国家机关和社会组织提起民事公益诉讼，应提交以下材料。

（一）起诉状，并按被告人数提出副本。起诉状应载明原、被告的基本法律信息，诉讼请求和所依据的事实与理由，证据和证据来源以及证人姓名和住所。

（二）被告的行为已经损害社会公共利益或者具有损害社会公共利益重大风险的初步证明材料，其中包括死者为英雄烈士的证明材料。

社会组织提起诉讼的，应当提交社会组织登记证书、章程、起诉前连续五年的年度工作报告书或者年检报告书，以及由其法定代表人或者主要负责人签字并加盖公章的无违法记录声明。

说明：第二十一条和第二十二条是关于民事公益诉讼起诉条件和须提交的材料的规定。

根据《民事诉讼法》第一百一十九条的规定，提起民事诉讼应满足下列条件：（一）原告是与本案有直接利害关系的公民、法人和其他组织；（二）有明确的被告；（三）有具体的诉讼请求和事实、理由；（四）属于人民法院受理民事诉讼的范围和受诉人民法院管辖。在民事公益诉讼中，国家机关和社会组织以维护公共利益为目的向人民法院提起诉讼，因此，与英雄烈士的近亲属不同，它们与英雄烈士的人格利益之间并无法律上的直接利害关系，这也是民事公益诉讼与普通民事诉讼的不同。本法一方面兼顾民事公益诉讼的自身特征，另一方面又特别注重与现行法律的协调，故借鉴《民事诉讼法》第一百一十九条的规定，删除其不适用民事公益诉讼的第一项规定，保留同时适用于民事公益诉讼和普通民事诉讼的后三项规定。国家机关和社会组织提起诉讼时应递交的材料，本法充分借鉴已施行的《最高人民法院关于审理消费民事公益诉讼案件适用法律若干问题的解释》和《最高人民法院关于审理环境民事公益诉讼案件适用法律若干问题的解释》两部司法解释的规定，并结合保护英雄烈士民事公益诉讼的自身特有情形，作出了具体的、翔实的规定。

第二十三条［受理公告］ 人民法院受理民事公益诉讼后，应当在立案之日起五日内将起诉状副本发送被告，并公告案件受理情况。

第二十四条［告知义务］ 人民法院受理民事公益诉讼后，应当在十日内以书面形式告知同级人民政府民政部门，同级人民政府民政部门提起民事公益诉讼的除外。

第二十五条［申请参加诉讼］ 有权提起民事公益诉讼的其他国家机关和社会组织在公告之日起三十日内申请参加诉讼的，经审查符合法定条件的，人民法院应当将其列为共同原告；逾期申请的，不予准许。

第二十六条［私益诉讼］ 英雄烈士的近亲属以其精神遭受损害申请参加诉讼的，人民法院应告知其另行起诉。

英雄烈士的近亲属另行起诉后，认为该案必须以民事

《民法总则》第一百八十五条要求创设民事公益诉讼制度

公益诉讼的审理结果为依据且民事公益诉讼尚未审结，请求对其提起的诉讼予以中止的，人民法院可以准许。

第二十七条〔证据保全〕 有权提起民事公益诉讼的国家机关和社会组织，可以依据民事诉讼法的规定申请保全证据。

第二十八条〔释明权〕 人民法院认为原告提出的诉讼请求不足以保护社会公共利益的，可以向其释明变更或增加停止侵害、赔礼道歉等诉讼请求。

第二十九条〔反诉禁止〕 民事公益诉讼审理过程中，被告提起反诉的，人民法院不予受理。

第三十条〔取证权〕 对于审理民事公益诉讼案件需要的证据，人民法院认为有必要的，应当调查收集。

第三十一条〔确认权〕 原告在诉讼过程中承认的对己方不利的事实和认可的证据，人民法院认为损害社会公共利益的，应不予确认。

第三十二条〔民事责任〕 对侵害英雄烈士人格利益并已经损害社会公共利益或者具有损害社会公共利益重大风险的行为，公益诉讼人或者原告可以请求被告承担停止侵害、赔礼道歉、消除影响、恢复名誉、具结悔过等民事责任。

第三十三条〔诉讼请求〕 公益诉讼人或者原告为防止损害的发生和扩大，请求被告停止侵害的，人民法院可以依法予以支持。

第三十四条〔调解及限制〕 民事公益诉讼当事人达成调解协议或者自行达成和解协议的，人民法院应当将协议内容公告，公告期限不少于三十日。公告期满后，人民法院审查认为调解协议或者和解协议的内容不损害社会公共利益的，应当出具调解书。

经审查，调解协议或和解协议的内容损害社会公共利益的，人民法院应依法作出判决。当事人以达成和解协议为由申请撤诉的，不予准许。

调解书应当写明诉讼请求、案件的基本事实和协议内容，并应当公开。

第三十五条［撤诉禁止］ 法庭辩论终结后，原告申请撤诉的，人民法院不予准许。

第三十六条［另诉情形］ 民事公益诉讼的裁判生效后，有权提起诉讼的其他国家机关和社会组织就同一行为另行起诉，有下列情形之一的，人民法院应予受理：

（一）前案公益诉讼人或者原告的起诉被裁定驳回的；

（二）有证据证明存在前案审理时未发现的损害的。

第三十七条［强制执行］ 发生法律效力的民事公益诉讼的裁判，需要采取强制执行措施的，应当移送执行。

第三十八条［费用支持］ 原告及其诉讼代理人对侵权行为进行调查、取证的合理费用、合理的律师代理费用，人民法院可以根据实际情况予以相应支持。

第三十九条［费用缓交］ 社会组织交纳诉讼费用确有困难，依法申请缓交的，人民法院应予准许。

说明：第二十三至三十九条均系对民事公益诉讼中各诉讼主体诉讼权利和诉讼义务不同于普通民事诉讼的规定。

《民法总则》第一百八十五条要求创设民事公益诉讼制度

　　人民法院作为诉讼主体，因民事公益诉讼所维护的是社会的公共利益，故审理该案时应不同于审理普通民事诉讼案件，应特别注重对社会公共利益的维护，应特别注意发挥人民法院的能动职能。受理普通民事诉讼案件时，因只关系到当事人的私益，与社会公共利益无关，故无需将案件受理情况进行公告；但受理民事公益诉讼案件时，因与社会公众的公共利益有关，为保障社会公众的知情权，应将受理情况予以公告。同样地，受理普通民事诉讼案件，无需告知行政主管部门；但受理民事公益诉讼案件，却应告知代表社会公共利益的行政主管部门。审理普通民事诉讼案件时，为充分尊重当事人对私益的处分权，应慎重行使对诉讼请求的释明权；但在审理民事公益诉讼案件时，因当事人的诉讼请求关涉社会公共利益，若发现其诉讼请求不足以维护社会公共利益，则有权对诉讼请求进行达到保护社会公共利益目的的释明。在审理普通民事诉讼案件时，被告有权提出反诉；但在审理民事公益诉讼时，鉴于当事人系以维护公共利益为目的而提起诉讼，被告不应享有反诉于社会公共利益的私益，故禁止被告提出反诉。在审理普通民事诉讼案件时，为恪守"谁主张、谁举证"的民事证据规则，应在法律严格限制下行使调查取证的权力；但在审理民事公益诉讼案件时，因案件关系到社会公共利益，人民法院认为有必要时，可主动进行调查取证。在审理普通民事诉讼案件时，同样为尊重当事人对自身私益的处分权，对当事人认可对己不利的事实和证据，应予以采信；但在审理民事公益诉讼案件时，为确保社会公共利益不受损害，若原告认可对己不利的事实和证据损害社会公共利益的，人民法院应不予以确认。在审理普通民事诉讼案件时，为贯彻意思自治，应允许原告撤诉；但在审理民事公益诉讼案件时，原告的诉讼请求系为维护社会公共利益而作出，若（增加）人民法院认为有必要则可对原告的撤诉申请不予准许。在审理普通民事诉讼案件时，对双方当事人达成的调解或和解协议，应审查其是否真实、自愿作出；但在审理民事公益诉讼案件时，除应审查其是否真实、自愿作出外，还应审查其是否损害了社会的公共利益，若其损害社会公共利益，应及时作出判决，禁止当事人形成调解或和解协议。

此外，本章为鼓励提起民事公益诉讼的行为和保证民事公益诉讼判决更好地维护社会的公共利益，还就另行起诉、费用支持、费用缓交等情形作出了具体规定。

第四十条［牟利处理］　社会组织有通过诉讼违法收受财物等牟取经济利益行为的，人民法院可以根据情节轻微依法收缴其非法所得、予以罚款；涉嫌犯罪的，依法移送有关机关处理。

社会组织通过诉讼牟取经济利益的，人民法院应当向登记机关或者有关机关发出司法建议，由其依法处理。

国家机关及其工作人员通过诉讼牟取经济利益的，由有关机关依法处理。

说明：本条是对违反牟利禁止原则应承担的法律责任的规定。

本法第四条确立了民事公益诉讼牟利禁止的原则。提起民事公益诉讼的国家机关和社会组织违反该原则的，应承担法律上的不利后果。本法充分借鉴《最高人民法院关于审理环境民事公益诉讼案件适用法律若干问题的解释》的规定，对其法律责任作出了与该司法解释相协调的具体规定。

第五章　附则

第四十一条〔参照适用〕　对已经损害社会公共利益或者具有损害社会公共利益重大风险的侵害英雄烈士遗体和遗骨的行为，本法规定的国家机关和社会组织可参照本法提起民事公益诉讼。

说明：本条是关于侵害英雄烈士遗体和遗骨参照本法提起民事公益诉讼的规定。

根据《最高人民法院关于确定民事侵权精神损害赔偿责任若干问题的解释》的规定，英雄烈士作为死者，其遗体和遗骨受法律保护，侵害其遗体和遗骨的，应承担精神损害赔偿责任。但目前在我国民法学术界，死者的遗体和遗骨是否可以归属于人格利益的范畴仍然存在较大争议，但本法又不能放弃对英雄烈士遗体和遗骨的保护，故此在附则当中作出了参照适用的规定。

第四十二条〔施行日期〕　本法自　　年　　月　　日起施行。

说明：本条是关于本法生效日期的规定。

鉴于该法系对保护英雄烈士人格利益民事公益诉讼制

度的创设性、系统性规定,且需要其他法规的配套,更需要广泛地予以宣传,故不宜在公布之日生效,应在公布一段时间之后施行。

对责难《民法总则》第一百八十五条三种观点的辩驳

新公布的《民法总则》第一百八十五条规定："侵害英雄烈士等的姓名、肖像、名誉、荣誉，损害社会公共利益的，应当承担民事责任。"该条的规定，创设了英雄烈士人格利益民法保护制度，为有效保护英雄烈士的人格利益和维护社会公共利益提供了明确的法律依据，必将在以后的社会生活中产生积极而又深远的影响。但在《民法总则》公布后，少数人对该第一百八十五条规定的质疑之声时有出现，乃至持续不断，"违反法理""最大败笔""十分可笑"等质疑、讥讽之音在网络媒体中传播甚广，在一定程度上影响了人们对《民法总则》第一百八十五条的学习和理解，甚至影响了人们对《民法总则》的整体评价。有鉴于此，笔者认为有必要对质疑、讥讽《民法总则》第一百八十五条所形成的具有代表性的三种责难观点给了富有针对性的分析，显现该条规定的立法原义、逻辑和宗旨，切实保障英雄烈士人格利益民法保护制度能够在民事活动和司法实践中得到有效贯彻和落实。

责难一：特殊保护英雄烈士的人格利益，违反人格平等原则。

这是对《民法总则》第一百八十五条创设的英雄烈士人格利益民法保护制度所提出的最集中、最典型的责难，如有人提出，《民法总则》在该条当中施行了对英雄烈士人格利益的特殊保护，此举或者意味着只有英雄烈士方能在死后享有人格利益而普通死者在死后不能享有人格利益；或者意味着英雄烈士和普通死者在死后均享有人格利益，但只有英雄烈士的人格利益受民法保护而普通死者的人格利益不受民法保护；或者意味着英雄烈士和普通死者在死后均享有人格利益，也均受民法保护，但英雄烈士的人格利益优先获得民法的保护或者接受民法更多的保护。无论作上述何种理解，《民法总则》第一百八十五条所创设的英雄烈士人格利益民法保护制度都意味着英雄烈士与普通死者就人格利益保护角度而言均显失公平，换言之，都意味着英雄烈士的人格利益保护较普通死者"高人一等"，因而违反了民法和人格权法的民事权利能力平等和人格平等原则。

笔者认为，此种观点的谬误之处在于既误读、误解了《民法总则》第一百八十五条的条文原义，又遗漏、忽视了我国既有的民事立法和司法传统，同时也模糊、混淆了民事权利能力平等原则和人格平等原则的法理要义。

就《民法总则》第一百八十五条的条文原义观察，该条所保护的人格利益的享有主体并非仅仅局限于英雄烈士。该条在表述享有人格利益的主体的时候使用的是"英雄烈士等"的方式，因此，根据条文表述所显示的字面含义，显然接受民法保护的人格利益的享有主体既包括"英雄烈士"，也包括"等"；换言之，除英雄烈士的人格利益接受民法的保护外，英雄烈士之外的"等"主体的人格利益也同样接受民法的保护。这里的"等"字，当将英雄烈士定义为已经死亡的自然人的一部分时，"等"字所指向的自然是已经死亡的其他自然人即普通死者。于此而言，无论是在《民法总则》第一百八十五条中获得明确具体表述的英雄烈士，还是只是被抽象概括表述的"等"其他普通死者，其人格利益均受民法的平等保护，认为英雄烈士享有人格利益而普通死者不享有人格利益，或英雄烈士的人格利益受民法保护而普通死者的人格利益不受民法保护，或英雄烈士的人格利益受民法更多及优先保护的观点，与《民法总则》第一百八十五条的条文原义不符，系对该条的误读、误解所致。笔者理解，《民法总则》之所以明确规定英雄烈士而抽象概括其他普通死者，一定程度上是因为在民事生活和司法实践中，英雄烈士的人格利益较普通死者而言更容易受到侵权行为人的侵害，社会影响也更大，因此需要在立法中予以格外强调。

就我国的民事立法和司法传统而言，虽然1986年《民法通则》并未就死者是否享有人格利益以及如何保护死者的人格利益作出明确规定，但在《民法总则》公布后，鉴于司法审判工作的实际需要，最高人民法院先后作出了《最高人民法院关于死亡人的名誉权应受法律保护的函》（1989年）、《最高人民法院关于审理名誉权案件若干法律问题的解答》（1993年）、《最高人民法院关于确定民事侵权精神损害赔偿责任若干问题的解释》（2001年）和《最高人民法院关于审理人身损害赔偿案件适用法律若干问题的解释》（2003年）等司法解释和司法文件，上述司法解释和司法文件均以认定自然人死亡后其人格利益仍然受民法保护。在上述司法解释和司法文件适用的基础之上，近些年来的最新立法和司法解释如《侵权责任法》（2009年）、《民事诉讼法》（2012年）、《最高人民法院关于适用〈中华人民族共和国民事诉讼法〉的解释》（2015年）等，都明确规定自然人死亡后（其中当然包括英雄烈士）的人格利益受民法保护并作出了更加精细的、更加有助于保护死者人格利益的规定。因此，认为《民法总则》第一百八十五条否定普通死者享有人格利益或否认民法不再保护普通死者人格利益的观点与我国民事立法和司法传统严重相悖。

从民事权利能力平等和人格平等原则的民法要义角度观察，作为生者的自然人，其民事权利能力的取得，以娩出且娩出时为活体为唯一条件，与性别、民族、种族、政治面貌、家庭出身、宗教信仰、受教育程度和财产状况无关，更与日后能否成为英雄烈士无关。因此，一个自然人的民事权利能力就其性质和范围而言，都与其他自然人无异，平等是民事权利能力的本质特征之一，同时这也是法律文明发展进化的重要成果。基于民事权利能力的平等特征，自然人对民事权利的享有，其中包括但不限于人格权，都是一律平等的，因此，在人格权领域，也不存在自然人享有人格权的不平等现象，此之谓人格平等原则。自然人在死后，其对人格利益的享有，实际上系其生前所享有的民事权利能力的延伸或一定程度上和一定范围上的保留（此种现象在民法领域颇多，如胎儿对民事权利能力的享有，设立之中和清算之中的法人对民事权利能力的享有等），基于民事权利能力平等原则，自然人在死后所享有的人格利益就性质和范围而言，自然也是平等的。结合《民法总则》第一百八十五条具体而言，英雄烈士所享有的人格利益的性质和范围，与普通死者完全相同，英雄烈士并不享有较普通死者更多的人格利益，《民法总则》第一百八十五条也未曾规定英雄烈士的人格利益较普通死者"高人一等"，无论如何阅读和研判，也不能得出该条含有英雄烈士的人格利益"高人一等"的结论。

责难二：保护英雄烈士的人格利益，没有单独专条立法的必要。

这是对《民法总则》第一百八十五条创设的英雄烈士人格利益民法保护制度最具迷惑力和误导性的一项责难。如有人认为，在承认英雄烈士的人格利益在性质与范围方面与普通死者相同的前提下，即在民事权利能力平等原则和人格平等原则的前提之下，确立统一保护死者人格利益的制度即可，因为该制度既能够保护英雄烈士的人格利益，也能够同时保护普通死者的人格利益，单设专条保护英雄烈士人格利益的条款，于此而言着实没有立法的必要，更容易引发社会公众关于英雄烈士人格利益优先于普通死者人格利益优先获得民法保护的疑问。

笔者认为，此种观点只见树木、不见森林，只知其一、不知其二，未能理解、掌握《民法总则》第一百八十五条的核心要义。该条虽以"英雄烈士人格利益民法保护制度"而命名，但其核心要义却不仅仅在于保护英雄烈士的人格利益，更在于维护社会的公共利益。正是维护社会的公共利益而不仅仅是保护英雄烈士的人格利益决定了该条予以专条立法的必要。

从立法逻辑的角度观察，《民法总则》第八章系对民事责任的规定，从第一百七十六条至第一百八十七条共十二个条文。这十二个条文，按逻辑划分可以区分为两部分：前四条即第一百七十六条至第一百七十九条是第一部分，可以视为对民事责任的一般规定；后八条即第一百八十条至第一百八十七条是第二部分，可以视为对民事责任的特殊规定。第一部分分别规定了民事责任的基本界定（第一百七十六条）、按份责任（第一百七十七条）、连带责任（第一百七十八条）、民事责任方式（第一百七十九条）；第二部分分别规定了不可抗力（第一百八十条）、正当防卫（第一百八十一条）、紧急避险（第一百八十二条）、受益人补偿（第一百八十三条）、自愿施救（第一百八十四条）、英雄烈士人格利益保护（第一百八十五条）、侵权和违约责任的竞合（第一百八十六条）、民事责任优先（第一百八十七条）。从上述两部分关于民事责任一般规定和特殊规定尤其是第二部分的特殊规定来看，第二部分均属于关于特殊情形下应承担或不应承担或如何承担民事责任的规定。若以《民法总则》第一百八十五条仅限于保护英雄烈士本人的人格利益的角度切入，鉴于英雄烈士的人格利益与普通死者的人格利益在性质与范围上并无不同的基本法理，该条的确没有设置专条予以单独立法的必要性。但需要格外注意的是，《民法总则》第一百八十五条要求侵权行为人承担民事责任的行为特征或类型是，不仅侵害了英雄烈士等的姓名、肖像、名誉、荣誉等人格利益，同时还应造成了对社会公共利益的损害。因此，该种民事责任的承担或该种民事责任的设定，目的不仅在于填补英雄烈士人格利益因受侵害所造成损失，更在于填补社会公共利益因受损害所造成的损失。就此而言，与《民法总则》第八章民事责任第二部分其他七个条文相比较，不难看出，第一百八十五条正是基于对社会公共利益的维护，形成了与通常情形下侵害普通私人利益应承担民事责任的显著区别，方才能够与其他七条条文并列组成了民事责任的全部特殊情形。

我们还可以反而论之。若《民法总则》第一百八十五条只是对英雄烈士的人格利益提供民法保护，则"损害社会公共利益"的表述要么成为一项赘语，要么造成了英雄烈士的人格利益"低人一等"的局面。基于民法民事权利能力平等和人格平等的原则，侵害英雄烈士或普通死者人格利益的，均应承担民事责任，与侵权行为是否同时损害社会公共利益无关，或者说，损害社会公共利益并不是侵害英雄烈士人格利益应承担民事责任的前提条件。因此，若将《民法总则》第一百八十五条仅仅理解为对英雄烈士的人格利益施以民法保护，则条文对"损害社会公共利益"的规定已无必要，成为了一项赘语，因为不造成对社会公共利益的损害，也不影响侵害英雄烈士人格利益的行为人应对其侵权行为承担民事责任。同样地，若不认为"损害社会公共利益"是一项赘语，在坚持将该条理解为仅限于保护英雄烈士本人人格利益的前提下，则侵权人对其侵害英雄烈士人格利益的侵权行为的民法责任的承担，除要求侵害英雄烈士的人格利益外，须同时还构成对社会公共利益的损害。换句话说，若只构成对英雄烈士人格利益的侵害而没有损害社会的公共利益，则侵权行为人岂不是无须对其侵权行为承担民事责任？这岂不是限制了对英雄烈士人格利益的保护？岂不是造成了英雄烈士的人格利益较普通死者的人格利益"低人一等"的局面？岂不是违反了民法民事权利能力平等和人格平等的原则？

责难三：对维护"社会公共利益"的主体未作界定，从而致使社会公共利益无以获得维护。

有人意识到了《民法总则》第一百八十五条的核心要义和立法旨趣不仅仅在于保护英雄烈士的人格利益而是更在于维护社会的公共利益，但对于该条未能明确"社会公共利益"的主体表示遗憾，并进而对该条的操作性提出了质疑，从而衍生出对该条立法价值的责难，遂认为该条所创设的英雄烈士人格利益民法保护制度并无实质立法价值或意义。

笔者认为，此种观点的错误之处在于未能认识到《民法总则》作为实体法所应当规定的内容，抹杀了作为实体法的民法与作为诉讼法的民事诉讼法之间的区别。在我国民事立法中，维护社会公共利益的规定通常都是由作为实体法的民法作出的，社会公共利益受损害时如何维护社会公共利益通常是由作为诉讼法的民事诉讼法规定的。如《民法通则》和《民法总则》都规定对社会公共利益应加以维护，民事主体进行民事活动不得损害社会公共利益，但也均未明确规定社会公共利益具体由谁享有或由谁代表，这一任务是由《民事诉讼法》来完成的。《民事诉讼法》第五十五条规定，对污染环境、侵害众多消费者合法权益等损害社会公共利益的行为，法律规定的机关和有关组织可以向人民法院提起诉讼。可以看出，对社会公共利益的维护，实体法和诉讼法有着不同的分工，前者确定社会公共利益应受保护，后者规定如何保护社会公共利益。二者相互配合、相得益彰，使社会公共利益得到了切实有效的保护。

同时还必须特别强调的是，保护英雄烈士的人格利益并进而保护社会的公共利益，完全符合《民法总则》的立法价值取向，以《民法总则》的价值取向否定英雄烈士人格利益民法保护制度的价值和意义的主张不能成立。首先，《民法总则》第八条规定，民事主体从事民事活动，不得违反法律，不得违背公序良俗，学术界通常将之概括为公序良俗原则。所谓公序良俗是公共秩序和善良风俗的简称，是指一个国家、民族和社会发展所必需的最低限度的伦理道德和社会秩序。民法设立公序良俗原则的目的在于满足维护国家和社会利益的需要，是约束民事行为的最低要求，是当事人行为自主的底线，不可逾越。因此，公民、法人和非法人组织发表与英雄烈士等有关的言论或者实施与英雄烈士等有关的行为时，应恪守公序良俗原则约束民事行为的最低要求，保护国家利益和社会利益，维系社会存在和发展所需要的一般秩序和道德。其次，维护社会公共利益是民事主体行使民事权利的题中应有之义。《民法总则》第一百三十一条和第一百三十二条规定，民事主体行使民事权利时，应当履行法律规定的和当事人约定的义务；民事主体不得滥用民事权利损害国家利益、社会公共利益或者他人合法权益。可见，民法一方面保障民事主体按照自己的意愿依法行使权利，不受干涉，另一方面也要求民事主体行使民事权利时不得损害社会的公共利益，损害公共利益者，则构成了对民事权利的滥用，须依法承担相应的民事责任。对社会公共利益的保护与对民事主体民事权利的保护，二者之间系表里关系，唯有维护好社会的公共利益，个人民事权利的实现方能成为可能，诚所谓"皮之不存，毛将焉附"？最后，英雄烈士的人格利益具有双重属性，既具有公共利益的属性，又具有私人利益的属性，第一百八十五条所侧重保护的，不是具有私人利益属性的英雄烈士的人格利益，而是已经成为社会公共利益重要组成部分的英雄烈士的人格利益，即保护的是社会公共利益。英雄烈士的人格利益作为英雄烈士依法享有的法律上的利益，首先表现为英雄烈士的个人利益，其私益属性自属无疑，毋庸代言。但必须特别申明的是，英雄烈士的人格利益及建立在其人格利益基础之上的英雄烈士的形象、事迹和精神，在战争年代，是表征中华儿女不畏强敌、不怕牺牲、英勇奋争精神的具体载体；在和平年代，是体现中华儿女不惧艰难、勇于开拓、敢于创新的形象空间。换言之，英雄烈士的人格利益及建立在其人格利益基础之上的英雄烈士的形象、事迹和精神，已经成为了中华民族的共同的历史记忆，是中华儿女共同的宝贵的精神财富，已经衍生为社会公众的民族情感和历史情感，从而构成了社会公共利益的重要组成部分，因此它具有浓厚的社会公共利益的属性色彩，对它的保护，究其实质，是对社会公共利益的保护。

由此可见，认为《民法总则》第一百八十五条所创设的英雄烈士人格利益民法保护制度违反人格平等原则、不具有立法必要性和难以保护社会公共利益的三种责难性观点均不成立。上述三种观点之所以出现，要么是因为陷入了阅读失误、法理错误的认识误区，要么是别有用心，意图废除英雄烈士人格利益民法保护制度。"非愚则诬"，即是上述情形无疑。

关于"两高"联合制定保护英雄烈士人格利益司法解释的建议

新公布的《民法总则》第一百八十五条规定:"侵害英雄烈士等的姓名、肖像、名誉、荣誉,损害社会公共利益的,应当承担民事责任。"该条及其所创设的英雄烈士人格利益民法保护制度,为有效保护英雄烈士的人格利益和维护社会公共利益提供了明确的法律依据,必将在以后的社会生活中产生积极而又深远的影响。但基于该条规定系关于保护英雄烈士人格利益及维护社会公共利益的概括性、原则性规定,人民法院和人民检察院在审判和检察工作中具体应用该条规定尚有若干重大问题须予以进一步明确。因此,为有效保护英雄烈士人格利益和社会公共利益,建议最高人民法院和最高人民检察院依据自身权限联合制定司法解释,在已有相关工作经验的基础上,就如何具体应用该条规定作出一系列符合立法原则和原意的详细规定,为地方各级人民法院和人民检察院具体应用该条规定、实现该条立法目的提供具体遵循。

一 制定司法解释的必要性、可行性

（一）《民法总则》第一百八十五条已作出原则性、概括性规定，但人民法院和人民检察院在审判和检察工作中具体应用该条规定时尚有若干重大问题亟须予以明确

《民法总则》第一百八十五条及其所创设的英雄烈士人格利益保护民法制度，对侵害英雄烈士人格利益应承担民事责任的行为构成作出了原则性、概括性的规定，如规定法益类型是姓名、肖像、名誉、荣誉四种人格利益；行为特征是侵害英雄烈士等的人格利益和损害社会的公共利益的侵权行为；法益主体是英雄烈士等。上述原则性、概括性规定为保护英雄烈士人格利益和社会公共利益向民事主体和司法机关提供了基本遵循，但就人民法院和人民检察院而言，其在审判工作和检察工作中具体应用该条规定时，尚有若干重大问题不够明确、清晰和具体，譬如：

第一，关于法益类型。首先，根据《民法总则》第一百一十一条的规定，自然人除享有姓名权、肖像权、名誉权、荣誉权等人格权利外，还享有隐私权等人格权利，那么，《民法总则》第一百八十五条在保护英雄烈士等的姓名、肖像、名誉、荣誉四种人格利益外，是否还保护英雄烈士等的隐私等人格利益？其次，根据《最高人民法院关于确定民事侵权精神损害赔偿责任若干问题的解释》第三条的规定，非法利用、损害死者遗体和遗骨，其近亲属因侵权行为遭受精神痛苦的，有权向人民法院起诉请求赔偿精神损害，因此，《民法总则》第一百八十五条是否保护具有浓厚人格象征意义的英雄烈士等的遗体和遗骨也亟须予以明确；最后，根据《烈士纪念设施保护管理办法》第十六条的规定，未经依法批准迁移烈士纪念设施，非法侵害烈士纪念设施保护范围内的土地、设施，破坏、污损烈士纪念设施，或者在烈士纪念设施范围内为烈士以外其他人修建纪念设施、安放骨灰或遗体的，应承担相应的法律责任。鉴于革命烈士的纪念设施同样具有人格象征意义，因此，为有效保护革命烈士的人格利益和社会公共利益，也需要明确对具有人格象征意义的革命烈士纪念设施是否能够依据《民法总则》第一百八十五条的规定进行保护。

第二，关于行为特征。首先，根据《民法总则》第一百八十五条的规定，侵权人承担民事责任的前提是侵害英雄烈士等的人格利益的同时还需构成对社会公共利益的损害，因此，须进一步明确侵权人的行为只侵害英雄烈士等的人格利益而尚未构成对社会公共利益的损害时，应否承担民事责任及如何承担民事责任等问题；其次，当侵权人既侵害了英雄烈士等的人格利益，同时也损害了社会公共利益时，英雄烈士的近亲属提起诉讼是以保护英雄烈士等的人格利益为由提起诉讼，还是同时以保护英雄烈士等的人格利益和维护社会公共利益为由提起诉讼；再次，若英雄烈士等没有近亲属或其虽有近亲属但其近亲属不愿提起诉讼时，由谁作为社会公共利益的代表者提起诉讼，提起的是否为民事公益诉讼；最后，若英雄烈士等的近亲属提起的普通诉讼和法定国家机关或社会组织提起的公益诉讼同时出现时，如何处理两者之间的关系？

第三，关于法益主体。首先，一方面，由于"英雄烈士"在现行法律体系中并不是一个拥有既定内涵和外延的法律概念，因此，具体应用《民法总则》第一百八十五条必须通过司法解释的形式完成对"英雄烈士"的内涵和外延的具体界定。另一方面，在界定"英雄烈士"时，"英雄烈士"与依据原《革命烈士褒扬条例》批准的"革命烈士"和《烈士褒扬条例》评定的"烈士"之间具有怎样的逻辑关系，也必须作出明确的、可操作的规定。其次，"英雄烈士等"中的"等"字同样需要作出更加具体的解释。"等"字所指向的究竟是与英雄烈士相同或近似的特殊死者，还是涵盖了所有的非英雄烈士的普通死者，这涉及该条所保护的人格利益主体的范围以及相应民事诉讼中的原告范围，可谓兹事体大，不得以司法解释的方式予以明确。

（二）现行有效的法律和司法解释在保护英雄烈士人格利益和维护社会公共利益领域仍然存在若干重大缺陷和空白，亟须通过制定司法解释的方式予以弥补

在《民法总则》公布前，我国现行有效的法律和司法解释在保护英雄烈士人格利益和维护社会公共利益领域就已出现若干重大缺陷和空白，《民法总则》的公布，以民事基本法的形式宣示对英雄烈士的人格利益施以民法保护，这在一定程度上填补了部分空白，但仍有大量缺陷和空白亟须通过制定司法解释的方式予以弥补。如对于自然

人死亡后享有的究竟是民事权利抑或是民事利益，最高人民法院以往司法解释的规定并不一致；历史虚无主义是不是一个明确的法律概念，人民法院裁判案件时能否在裁判文书中明确使用"历史虚无主义"的表述方式，不同受诉法院的做法也不尽相同；对英雄烈士人格利益的侵害，除诽谤、侮辱、贬损、丑化等行为方式外，其他的行为方式是否也构成侵权；当英雄烈士没有近亲属或其有近亲属但其近亲属不愿提起诉讼时又该如何保护英雄烈士的人格利益；等等。

（三）人民法院对涉及侵害英雄烈士人格利益案件的审理活动，为制定保护英雄烈士人格利益的司法解释积累了宝贵的司法经验

自 2015 年开始，北京市两级人民法院先后审理了一系列涉及侵害英雄烈士人格利益的民事案件，就若干重大问题达成了判决共识，有效地保护了英雄烈士人格利益和社会公共利益，也为制定保护英雄烈士人格利益司法解释积累了宝贵的司法经验。这些司法经验，已被司法实践证明为切实有效，应当上升为司法解释使其具有成为普遍约束力的行为规范和裁判规范，为地方各级人民法院审理涉及侵害英雄烈士人格利益民事案件提供具体遵循。在人民法院审理涉及英雄烈士人格利益民事案件所形成的判决共识中，下列共识对保护英雄烈士人格利益司法解释的制定具有格外显著的意义：英雄烈士虽已死亡，但其人格利益仍然受法律保护，侵害其人格利益的，应依法承担民事责

任；英雄烈士的近亲属享有保护英雄烈士人格利益的诉权；英雄烈士的人格利益及承载其人格利益的英雄事迹、形象和精神，属中华民族共同的历史记忆，渗入中华儿女的民族情感和历史情感，因此，它不仅是英雄烈士及其近亲属的私人利益，还是社会公共利益的重要组成部分；发表侵害英雄烈士人格利益言论的行为，在英雄烈士近亲属提起诉讼时应认定为民事侵权行为，在英雄烈士近亲属不提起诉讼时则应认定为是一种不当行为；发表侵害英雄烈士人格利益言论的行为人对社会公众的反应应负有较高的容忍义务；侵害英雄烈士人格利益的言论不受学术自由、言论自由或表达自由的保护；等等。

（四）通过制定司法解释的方式解决适用《民法总则》第一百八十五条过程中所出现的具体问题，符合我国法律的有关规定，也有助于加强对英雄烈士人格利益和社会公共利益的保护

《全国人民代表大会常务委员会关于加强法律解释工作的决议》（1981年）第二条规定，凡属于法院审判工作中具体应用法律、法令的问题，由最高人民法院进行解释；凡属于检察院检察工作中具体应用法律、法令的问题，由最高人民检察院进行解释。因此，最高人民法院和最高人民检察院有权就具体应用法律中的问题作出司法解释。《最高人民法院关于司法解释工作的规定》（2007年）第三条规定，司法解释应当根据法律和有关立法精神，结合审判工作实际需要制定；《最高人民检察院司法解释工作规定》（2006年）第四条规定，司法解释工作应当密切结合检察工作实际，及时解决检察工作中具体应用法律的问题，保障国家法律统一正确实施，维护司法公正。可见，《民法总则》第一百八十五条的抽象、概括规定以及随之而来的保护英雄烈士人格利益和社会公共利益可以预见到的在审判工作和检察工作实际中将要面临的问题，都要求以制定司法解释的方式来解决具体应用《民法总则》第一百八十五条所产生的问题。也唯有如此，方能有助于加强对英雄烈士人格利益和社会公共利益的保护。

以制定司法解释的方式来解决具体应用《民法总则》第一百八十五条所产生的问题还必须特别注意以下三点：第一，该司法解释须由最高司法机关作出，而不能交由地方司法机关作出，以维护社会主义法制的统一。早在1986年3月31日，最高人民法院作出了[1987]民他字第10号《最高人民法院关于地方各级法院不宜制定司法解释性质文件问题的批复》。在该批复中，最高人民法院明确要求，具有司法解释性质的文件，地方各级法院不宜制定。因此，司法解释只能由最高司法机关作出，有关具体应用《民法总则》第一百八十五条的司法解释也不例外。第二，该司法解释须由最高人民法院和最高人民检察院联合作出，不宜由最高人民法院单独作出。具体应用《民法总则》第一百八十五条的规定必然涉及人民法院的审理活动，因此，由最高人民法院作出司法解释是题中应有之义，不会产生关于司法解释制定主体的疑问。有疑问的是，最高人民法院是否有必要商请最高人民检察院联合制定该司法解释。笔者认为有此必要，其中最切实、最典型的理由是，当司法解释确定以民事公益诉讼的方式维护没有近亲属或虽有近亲属但近亲属不愿提起诉讼的英雄烈士的人格利益时，作为履行国家法律监督职责并因而负有维护社会公共利益职责的检察机关势必应以"公益诉讼人"或原告的主体资格提起民事公益诉讼，此时便关涉到检察机关在检察工作中如何具体应用《民法总则》第一百八十五条的情形，此时便应由最高人民检察院以作出司法解释的方式予以规定，而不能仅由最高人民法院单独制定司法解释进行明确。《最高人民法院关于司法解释工作的规定》（2007年）第七条规定，最高人民法院与最高人民检察院共同制定司法解释的工作，应当按照法律规定和双方协商一致的意见办理；《最高人民检察院司法解释工作规定》（2006年）第二十一条第二规定，对于同时涉及检察工作和审判工作中具体应用法律的问题，最高人民检察院应当商请最高人民法院联合制定司法解释。据此，笔者认为，该司法解释应由最高人民法院和最高人民检察院联合制定为宜。第三，关于司法解释的具体形式。根据《最高人民法院关于司法解释工作的规定》（2007年）第六条规定，司法解释的具体形式共有"解释""规定""批复""决定"四种。其中，对在审判工作中如何具体应用某一法律或者对某一类案件、某一类问题如何应用法律制定的司法解释，采用"解释"的形式。可见，对于在审判工作和检察工作中如何具体应用《民法总则》第一百八十五条、对涉及侵害英雄烈士人格利益和社会公共利益类型的案件或问题如何应用法律所制定的司法解释，采用"解释"的方式最为适宜。

二 制定司法解释时应坚持的九项原则即须正确处理的九个重要关系

（一）正确处理针对具体的法律条文与符合立法精神、目的、原则和原意之间的重要关系

《立法法》第一百零四条规定，最高人民法院、最高人民检察院作出的属于审判、检察工作中具体应用法律的解释，应当主要针对具体的法律条文，并符合立法的目的、原则和原意；《最高人民法院关于司法解释工作的规定》（2007年）第三条规定，司法解释应当根据法律和有关立法精神，结合审判工作实际需要制定；《最高人民检察院司法解释工作规定》（2006年）第三条规定，司法解释应当以法律为依据，不得违背和超越法律规定。因此，最高人民法院和最高人民检察院联合制定保护英雄烈士人格利益的司法解释，首先应该针对具体的法律条文，即《民法总则》第一百八十五条，其次应当符合立法精神、目的、原则和原意。在制定司法解释时，笔者认为后者尤为重要。

制定司法解释时，对《民法总则》第一百八十五条立法精神、目的、原则和原意的探求，既要从该条文出发，又不能仅仅局限于条文自身。首先应该深入到立法机关的立法活动当中去，借助记载立法活动的文献探求立法机关

的立法目的。2017年3月12日第十二届全国人民代表大会第五次会议主席团第二次会议通过了《第二届全国人民代表大会法律委员会关于〈中华人民共和国民法总则（草案）〉审议结果的报告》，根据该报告，在审议期间，"有的代表提出，现实生活中，一些人利用歪曲事实、诽谤抹黑等方式恶意诋毁英烈的名誉、荣誉等，损害了社会公共利益，社会影响很恶劣，应对此予以规范。法律委员会经研究认为，英雄和烈士是一个国家和民族精神的体现，是引领社会风尚的标杆，加强对英烈姓名、名誉、荣誉等的法律保护，对于促进社会尊崇英烈，扬善抑恶，弘扬社会主义核心价值观意义重大。据此，建议增加一条规定：侵害英雄烈士的姓名、肖像、名誉、荣誉等，损害社会公共利益的，应当承担民事责任（草案修改稿第一百八十五条）"。从该立法资料可以看出，《民法总则》第一百八十五条的立法目的和精神，就是通过对英雄烈士人格利益的保护和社会公共利益的维护，引领尊崇英烈、扬善抑恶的社会风尚，弘扬社会主义核心价值观。同样地，对《民法总则》第一百八十五条条文原意的理解和对司法解释中具体制度的设计，也应该以该立法目的和精神为指导，不得与立法精神和目的相悖。

具体而言，在制定司法解释时，难免针对审判工作和检察工作的实际需要对《民法总则》第一百八十五条的条文原意进行解释并给予适当的限缩或扩张。但无论是解释中的适当限缩或适当扩张，均应一方面立足于条文本身的原意，同时兼顾立法目的和精神的实现。换言之，对条文原意的限缩或扩张，均应有助于引领尊崇英烈、扬善抑恶的社会风尚，有助于弘扬社会主义核心价值观，否则司法解释便难以获得自身合法性的根据。

（二）正确处理保护生者权利和保护死者利益之间的重要关系

在制定司法解释具体应用《民法总则》第一百八十五条时，必须正视的一个普通社会现象是英雄烈士实际均已离世，根据《民法总则》第一百八十五条，英雄烈士虽均已离世但却不影响他们的姓名、肖像、名誉、荣誉等人格利益依然受民法保护。基于此，笔者认为，制定司法解释具体应用《民法总则》第一百八十五条所创设的英雄烈士人格利益民法保护制度，首先需要正确处理保护生者人格权利和保护死者人格利益之间的关系。

英雄烈士可以称之为民法上的"死者"，因此，为何保护英雄烈士的人格利益的问题，在民法法理上首先表现为为何保护死者的人格利益的问题。《民法总则》第十三条规定，自然人从出生时起到死亡时止，具有民事权利能力，依法享有民事权利，承担民事义务。在民法上，基于民事权利能力始于出生终于死亡的基本法理，自然人死亡后，其不再具有民事权利能力，同时也就丧失了享有民事权利和承担民事义务的资格，所以，英雄烈士作为死者，不可能再像具有民事权利能力的生者那样享有人格权利。换言之，生者因为具有民事权利能力，法律应保护其享有的人格权利；英雄烈士由于死亡而丧失民事权利能力，法律便不再保护其生前享有的人格权利。这样，形成了法律保护生者人格权利而不能保护死者人格权利的局面。

笔者认为，虽然自然人（包括但不限于英雄烈士，也包括普通人）死亡后因为不再具有民事权利能力、不再具有享有民事权利和承担民事义务的资格、法律由此也不可能继续保护其生前享有的人格权利，但并不意味着自然人死亡后其基于生前的民事权利而不再享有任何民事利益。通观各国立法，均承认自然人死亡后仍然享有基于其生前的民事权利所产生的民事利益。具体言之，死者生前享有姓名权、肖像权、名誉权、荣誉权等人格权利，死后继续享有基于其生前所享有的姓名权、肖像权、名誉权、荣誉权等人格权利所产生的姓名、肖像、名誉、荣誉等人格利益。保护死者的人格利益和其他民事利益，既是对死者在法律上的尊重，更是保护本国家、本民族社会风尚的必然要求。若一个国家的立法放弃对死者利益的保护，文明传承势必断裂、道德底线势必崩溃、社会风尚势必沦落、社会秩序势必紊乱。因此，制定司法解释具体应以《民法总则》第一百八十五条为出发点，首先必须承认死者的利益如同生者的权利，均须得到法律的保护，在此基础之上，方能谈及如何具体保护死者以及如何具体保护英雄烈士姓名、肖像、名誉、荣誉等人格利益的问题。

（三）正确处理保护英雄烈士和保护普通死者人格利益之间的重要关系

《民法总则》第一百八十五条规定，已认可英雄烈士作为死者其姓名、肖像、名誉、荣誉仍然受法律的保护，也认为侵害英雄烈士的姓名、肖像、名誉、荣誉的侵权行为应依法承担侵权等民事责任。但需要注意的是，英雄烈士作为死者和普通死者在其姓名、肖像、名誉、荣誉的保护上，既有共同点，也有不同之处，其原因在于，英雄烈士本身与普通死者之间就既有共同点，也有不同点，这是制定司法解释具体应用《民法总则》第一百八十五条保护英雄烈士姓名、肖像、名誉、荣誉人格利益并进而维护社会公共利益须正确处理的第二个问题。

作为死者，无论是英雄烈士还是普通死者，其共同之处在于他们都是已经死亡的自然人，都因不再具有民事权利能力而丧失了享有民事权利和承担民事义务的资格。因此，法律所能够保护的，是他们所享有的民事利益，而不是生前所享有的民事权利。同时，还必须特别注意的是，两者之所以能够在死后享有民事利益，来自于他们在生前所能够享有的民事权利，而我国法律对他们生前所享有的民事权利并未作出区别性的规定。易言之，英雄烈士生前所享有的民事权利与普通死者生前所享有的民事权利并无性质和范围上的区别，因此，英雄烈士在死后所享有的民事利益与普通死者所享有的民事利益在性质和范围上也应当完全相同，英雄烈士并不享有较普通死者更多的民事利益。

但同时也要看到保护英雄烈士与保护普通死者的不同。英雄烈士均系在革命斗争、保卫祖国和社会主义现代化建设中壮烈牺牲的死者，他们的牺牲及其形象、事迹和精神，无论在战争年代抑或是和平年代，对激励我国人民不畏牺牲、抗争外敌、不畏艰辛、为国家和人民奋斗终生均具有重大的意义。因此，保护英雄烈士的姓名、肖像、名誉、荣誉，与保护普通死者的显著不同之处在于，这不仅是保护死者本人人格利益的需要，同时也是维护社会公共利益的需要。当然，英雄烈士因壮烈牺牲而被奉为楷模，他们往往体现出国家在不同的历史发展时期中民族的价值追求和执政党的政策目标，具有不同于普通死者的历史价值和时代价值，因此，作为已经去世的历史和时代楷模，英雄烈士更容易成为社会公众谈论或研究的对象，也正基于此，英雄烈士较普通死者，更容易受到侵权行为的侵害，更需要得到法律的保护，这样正是《民法总则》第一百八十五条明确列举、特意强调"英雄烈士"的原因所在。

（四）正确处理保护英雄烈士人格利益和保护其近亲属情感利益之间的重要关系

在《民法总则》第一百八十五条所规定侵权法律关系中，侵权行为所侵害的受法律所保护的利益即法益往往有三：一是英雄烈士的姓名、肖像、名誉、荣誉等人格利益，二是英雄烈士近亲属所享有的情感利益，三是承载和展现英雄烈士人格利益的英雄形象、事迹和精神所融入的社会公共利益。其中，英雄烈士的人格利益与英雄烈士近亲属的情感利益均属于私人利益的范畴。因此，在制定司法解释具体应用《民法总则》第一百八十五条保护英雄烈士的人格利益时，须正确处理其与保护英雄烈士近亲属的情感利益之间的关系。

作为英雄烈士的近亲属（配偶、父母、子女、兄弟姐妹或其他晚辈直系血亲等），他们与英雄烈士之间因婚姻、血缘等联结为亲属，彼此之间形成情感及受法律保护的情感利益。社会公众对英雄烈士的评价自然影响到甚至是决定了社会公众对其近亲属的评价。侵害英雄烈士人格利益的行为，同时也很可能构成对英雄烈士近亲属的情感利益的损害。因此，在保护英雄烈士人格利益的时候，还应注重对英雄烈士近亲属的情感利益的保护。正确处理好两者之间的关系，关键是要准确定位英雄烈士近亲属在两个不同的侵权法律关系中的不同的角色、地位和相应的作用。在第一个侵权法律关系中，即在侵害英雄烈士人格利益的侵权法律关系中，由于英雄烈士已经去世，不可能再以原告的身份提起诉讼，只能由其近亲属作为原告提起诉讼，此时，英雄烈士近亲属提起诉讼的目的是为了保护英雄烈士的人格利益；在第二个侵权法律关系中，即在侵害英雄烈士近亲属的情感利益的侵权法律关系中，英雄烈士的近亲属提起诉讼的目的不是为了保护英雄烈士的人格利益，而是为了保护自身所享有的情感利益。当然，特别需要说明的是，上述两个不同的侵权法律关系并非是互不兼容、非此即彼的关系。英雄烈士的近亲属的情感利益之所以遭受侵害，往往是由于侵权行为直接侵害了英雄烈士的人格利益，从而间接致使其近亲属的情感利益遭受损害。所以，在既侵害英雄烈士的人格利益，同时又由此侵害了英雄烈士近亲属的情感利益的时候,英雄烈士的近亲属以原告身份提起诉讼,既可以诉请保护英雄烈士的人格利益,填补因英雄烈士的人格利益遭受侵害所产生的损害,又可以同时主张对自己的情感利益的精神损害赔偿请求,填补因近亲属的情感利益遭受侵害所产生的损害;换言之,既可以通过诉讼保护英雄烈士的人格利益,又可以同时保护自身的情感利益,同时填补因英雄烈士的人格利益和近亲属的情感利益遭受侵害所产生的损害,最大限度地预防侵权行为的再次发生。

(五)正确处理保护英雄烈士姓名、肖像、名誉、荣誉和保护英雄烈士其他人格利益和准人格利益之间的重要关系

根据《民法总则》第一百八十五条的规定,受民法保护的英雄烈士的人格利益分别是姓名、肖像、名誉和荣誉。我们不难发现,在司法实践当中,最容易受到侵害的的确是英雄烈士的姓名、肖像、名誉、荣誉四种人格利益;但实际上,上述死者人格利益只是英雄烈士容易受到侵害的人格利益的一部分,而并非全部;除姓名、肖像、名誉、荣誉外,英雄烈士的隐私乃至于其遗体、遗骨和英雄烈士纪念设施等,在司法实践中也可能成为侵权人侵害的对象。因此,为实现对英雄烈士人格利益的全面保护,体现出制度设计的前瞻性优势,以防挂一漏万,在制定司法解释具体应用《民法总则》第一百八十五条保护英雄烈士的人格利益时,应坚持对英雄烈士的姓名、肖像、名誉、荣誉、隐私等人格利益及遗体、遗骨和英雄烈士纪念设施等准人格利益给予一体保护的原则。

关于英雄烈士的隐私，《侵权责任法》第二条第二款明确规定，民事主体的隐私权受民法保护，侵害民事主体隐私权益的应依法承担民事责任；《最高人民法院关于确定民事侵权精神损害赔偿责任若干问题的解释》第三条也规定，非法披露、利用死者隐私，或者以违反社会公共利益、社会公德的其他方式侵害死者隐私的，死者的近亲属可以依法向人民法院提起诉讼请求侵权行为人赔偿精神损害；《民法总则》第一百一十条也明确将隐私权确定为自然人享有的民事权利之一种。因此，《民法总则》第一百八十五条只列举姓名、肖像、名誉和荣誉的现行规定，其弊端有五：一是容易造成《民法总则》与其他民事单行法律和司法解释的冲突。《侵权责任法》和《最高人民法院关于确定民事侵权精神损害赔偿责任若干问题的解释》均规定隐私和隐私权是民事主体享有的一种民事权益，而《民法总则》第一百八十五条却规定革命烈士作为民事主体不再享有隐私这种民事权益；二是容易造成《民法总则》内部的冲突。《民法总则》第一百一十条已然将隐私权确定为民事主体享有的民事权利的一种，但其第一百八十五条却将隐私排除在英雄烈士应受民法保护的人格利益范围之外；三是容易造成社会公众的误解。《民法总则》第一百八十五条的现行规定，从条文字面含义的角度出发，社会公众很容易理解为英雄烈士的隐私并不受民法的保护；四是与民法的平等保护法理相背离。对民事主体的合法权益给予平等保护，是民法的基本法理。《民法总则》第一百八十五条的现行规定，将导致英雄烈士所享有的人格利益的范围少于普通死者所有享有的人格利益的结果，直接背离了民法的平等保护原则；五是不利于防止历史虚无主义的侵权行为。在现实生活中，发表侵害英雄烈士人格利益言论的行为人往往借助非法披露、利用英雄烈士个人隐私的方法，通过所谓的"揭秘"，以达到贬损、丑化英雄烈士人格形象的目的。因此，在制定司法解释具体应用《民法总则》第一百八十五条时，应当运用体系解释的方法，将隐私同样理解为应予以保护的人格利益。

关于革命烈士的遗体和遗骨，虽然现行法律并未明确将死者的遗体和遗骨界定为死者的人格利益，但由于众所周知的社会常识，非法利用、损害死者的遗体和遗骨，其行为性质和损害后果，不亚于甚至严重于对死者姓名、肖像、名誉、荣誉和隐私的侵害；其所损害的法律上的利益，与其说是作为民法上的"物"的遗体和遗骨，不如说损害的是死者的人格利益，"挫骨扬灰"所挫扬的并不是死者的骨与灰，而是对死者人格利益更为激烈、更为彻底的否定，死者的遗体和遗骨也因此往往获得了法律的人格意义。正是在这个意义上，《最高人民法院关于确定民事侵权精神损害赔偿责任若干问题的解释》第三条将遗体和遗骨与死者的姓名、肖像、名誉、荣誉和隐私一同作为受民法保护并有权请求精神损害赔偿的利益类型。需要特别给予注意的是，英雄烈士的遗体和遗骨，不仅体现了英雄烈士作为死者所应享有的人格利益，更鉴于其遗体和遗骨同时还是社会公众寄托民族情感和历史情感的具体所在，因此，英雄烈士的遗体和遗骨更应得到民法的保护。

关于英雄烈士纪念设施，为纪念英雄烈士专门修建的烈士陵园、纪念堂馆、纪念碑亭、纪念塔祠、纪念塑像、烈士骨灰堂、烈士墓等设施，是人们纪念英雄烈士事迹、精神的物理场所，同时也是展现英雄烈士人格精神的具体形象空间。如同英雄烈士的遗体和遗骨，英雄烈士的纪念设施已经脱离了其纯粹的民法上"物"的形态，具有了英雄烈士本人的人格象征意义，同时也成为了社会公众寄托民族情感和历史情感的具体对象。对英雄烈士纪念设施的破坏和污损，不仅侵害了英雄烈士本人的人格利益，同时还构成了对社会公共利益的损害，该种侵权行为若不加以民法上的规制，势必难以达到彻底保护英雄烈士人格利益的目的。

（六）正确处理保护私人利益与维护社会公共利益之间的重要关系

制定司法解释具体应用《民法总则》第一百八十五条时需特别注意，该条创设英雄烈士人格利益民法保护制度的直接目的固然是为了保护英雄烈士的人格利益和其近亲属的情感利益，但其根本的立法目的应该是保护社会的公共利益。英雄烈士的人格利益及建立在其人格利益基础之上的英雄烈士的形象、事迹和精神，在战争年代，是表征中华儿女不畏强敌、不怕牺牲、英勇奋争精神的具体载体；在和平年代，是体现中华儿女不惧艰难、勇于开拓、敢于创新的形象空间。换言之，英雄烈士的人格利益及建立在其人格利益基础之上的英雄烈士的形象、事迹和精神，已经成为了中华民族的共同的历史记忆，是中华儿女共同的宝贵的精神财富，已经衍生为社会公众的民族情感和历史情感，从而构成了社会公共利益的重要组成部分。因此，制定司法解释具体应用《民法总则》第一百八十五条时，应同时坚持保护社会公共利益的原则，应处理好保护英雄烈士及其近亲属的私人利益与社会公共利益之间的关系。

坚持社会公共利益保护原则，在制定司法解释具体应用《民法总则》第一百八十五条时，可以表现为对公序良俗原则的援引。民法设立公序良俗原则的目的在于满足维护国家和社会利益的需要，是约束民事行为的最低要求，是当事人行为自主的底线，不可逾越。英雄烈士的人格利益不仅关系到英雄烈士及其近亲属的个人利益，而且还关系到社会公众的公共利益。因此，正确理解和适用《民法总则》第一百八十五条必然要求公民、法人和其他组织发表与英雄烈士有关的言论或者实施与英雄烈士有关的行为时，应恪守公序良俗原则，以此实现约束民事行为的最低要求，保护国家利益和社会利益，维系社会存在和发展所需要的一般秩序和道德。

（七）正确处理侵权行为与言论自由、学术自由、表达自由之间的重要关系

在制定司法解释具体应用《民法总则》第一百八十五

条时，不难发现发表侵权言论的当事人会毫无例外地认为，其行为系行使宪法和法律所赋予的言论、学术自由、表达自由的行为，因而并不构成对英雄烈士人格利益的侵犯。言论、学术、表达自由与侵害英雄烈士人格利益的侵权行为之间的关系，既是理解和适用《民法总则》第一百八十五条时须正确处理的一项重要关系，也是以法治思维和法治方式反对历史虚无主义的一项重大课题。

  笔者完全赞同有关审理涉及侵害英雄烈士名誉荣誉纠纷案件的法院的意见，一般地保护当事人的言论自由、学术自由是我国现行法律的明确规定，从民法的角度看，表达自由已经成为民事主体一般人格尊严的重要内容，但言论自由、学术自由并非没有边界，如超出合理的限度，则会侵害他人的合法权益以及更为重要的社会公共利益。学术自由、言论自由以不侵害他人合法权益、社会公共利益和国家利益为前提，这是我国宪法所确立的关于自由的一般法律原则，也是为言论自由、学术自由所划定的边界。任何公民在行使言论自由、学术自由及其他自由时，都负有不得超过自由边界的义务。这是法治国家和法治社会对公民的基本要求，也是任何一个公民所应当承担的社会责任。英雄烈士及其事迹所凝聚的民族感情和历史记忆以及所展现的民族精神，是当代中国社会主义核心价值观的重要来源和组成部分，具有巨大的精神价值，也是我国作为一个民族国家所不可或缺的精神内核。对英雄烈士人格利益的损害，既是对英雄烈士本人的人格利益的损害，也是对中华民族精神价值的损害。发表侵权言论的行为人完全可以在不损害英雄烈士人格利益和社会公共利益的前提下自由进行学术研究和自由发表言论，包括对英雄烈士英雄事迹的细节进行研究，但发表侵权言论的行为人并非采用此种方式，而是通过所谓的细节研究，甚至是与其他发表侵权言论的行为人的污蔑性谣言遥相呼应，质疑英雄烈士英勇抗敌、舍生取义的基本事实，颠覆英雄烈士的英雄形象，贬损、降低英雄烈士的人格评价。这种"学术研究""言论自由"不可避免地会侵害英雄烈士的人格利益，以及融入了这种人格利益的社会公共利益。

（八）正确处理侵权行为与不当行为之间的重要关系

正确处理侵权行为与不当行为之间的关系，实质是要对涉及英雄烈士名誉荣誉的言论在法律上进行定性。制定司法解释具体应用《民法总则》第一百八十五条时，结合以往司法审判的相关经验，关于侵害英雄烈士人格利益的言论的法律性质，共形成了三种观点：第一，侵害英雄烈士人格利益的言论是一种不宜在法律上评价其性质的行为；第二，侵害英雄烈士人格利益的言论是一种不当言论或行为；第三，侵害英雄烈士人格利益的言论是一种侵权的民事违法行为。

有人认为，侵害英雄烈士人格利益的言论伤害了社会公众的民族情感和历史情感，但由于我国现行法律并未对"社会公众的民族情感和历史情感"的法律地位作出明确的规定，致使持此种观点的人未能对侵害英雄烈士人格利益的言论的性质给予法律意义上的界定；更进一步地，虽然该观点认为作出侵害英雄烈士人格利益的言论的行为人对社会公众的反应应负有较高的容忍义务，但却始终没有指明应负此种较高容忍义务的法律上的原因。相反地，他们认为作出侵害英雄烈士人格利益言论的行为人应负较高的容忍义务的认定，只是基于该言论伤害社会公众民族情感和历史情感这一非法律上的原因。其在法理逻辑上的破绽是显而易见的：由于该言论只是一种伤害社会公众民族情感和历史情感的行为，更由于法律并未明确伤害社会公众民族情感和历史情感的行为的法律性质，因此，应推定该言论是一种合法行为；既然该言论是一种合法行为，又怎么能够要求作出该言论的行为人应就自己的合法言论而去承担较高的容忍义务呢？笔者认为，这种对该言论的未评价或不评价，其实也是一种评价，它所传递的信息或者社会公众所能作出的合理理解是，该言论是一种合法言论，至少是一种不宜在法律上评价其性质的行为。事实上，少数人所持有的该言论系"言论自由"的观点，其法理根基也正在于此。据此，可以得出结论说，他们不对该言论的性质进行法律上的评价，便不足以对言论行为人施以较高的容忍义务；不确定言论行为人的较高容忍义务，便容易引发反该言论之言论构成对言论行为人侵权的误解，容易引发该言论系公民行使言论自由权利的误解。

还有人认为侵害英雄烈士人格利益的言论是一种"不当言论和评价"，探究"不当言论和评价"的法律意义为何，须以形成对"不当"的法律意义的准确理解为前提。在我国现行法律体系中，"不当"一词的使用并不罕见，它通常出现在民事法律规范和行政法律规范中。综合民事、行政和诉讼法律规范对"不当"的使用及其具体含义，我们可以得出结论说，"不当"固然是法律对当事人行为的一种判断，但判断的结果却并不是在"合法"和"违法"之间进行选择，而是表现出了第三种可能："不当"的行为是一种合法但却不合理的行为，易言之，"不当"的行为未达到违法的程度，因此不能给予违法的制裁；但同时它又是一种不合理的行为，因此是又一种应当予以纠正的行为。其之所以在合法前提之下发生不合理的情形并应当予以纠正，乃是因为不当的行为之所以不当在于违背了法律的精神。民事法律规范中的"不当得利"，在于违背了无法律认可原因则利益不能发生变动的民法精神，行政法律规范中的明显不当的行政行为，在于违背了合理行政和良好行政的行政法精神。对法律精神的违背，正是不违法的不当行之所以不当的原因，将侵害英雄烈士人格利益的言论界定为"不当的言论和评价"其含义也应作如此理解。

还有人认为侵害英雄烈士人格利益的言论是一种民事侵权行为，作出该言论的行为人应承担相应的民事法律责任。在实际生活中，该言论的确很可能构成民法上的侵权行为。该言论往往以否定的形式出现，表现为对历史上某些人物、事件和思想的否定；成为其否定对象的人物、事件或思想，当然并非普通意义上的人物、事件或思想，它们往往是中国革命、建设和改革开放过程中具有代表性和典型性的人物、事件或思想，最集中的表现就是英雄烈士。当然，需要说明的是，认定言论是否构成民事侵权行为，不能够脱离具体案件而独立进行，换言之，言论作为一种侵权行为，只能存在于具体的民事案件当中，抽象地认定所有的否定性言论均系侵权行为的观点，违反了最基本的法理逻辑，也与以法治思维和法治方式反对历史虚无主义的原则相悖。即使是在民事案件当中，认定言论是否构成侵权，也应根据《侵权责任法》等法律、法规和司法解释的规定予以认定，不能够脱离具体案情仅仅给予抽象的界定。同时，认定言论是一种侵权的民事违法行为，不仅依赖于具体案件的案情，更依赖于人民法院审判活动的启动。由于人民法院施行"不告不理"的司法原则，在英雄烈士近亲属未提起民事诉讼或英雄烈士没有近亲属的情形下，人民法院不能主动启动审判程序径直认定案涉言论系一种民事侵权行为。因此，在审判活动发动之前，尚不能由英雄烈士近亲属或其他没有法律上利害关系的公民、法人和其他组织单方面宣称未经法院审理认定的案涉言论已构成民事侵权。

经由以上分析，对于侵害英雄烈士人格利益言论法律性质的判断，应具体区分两种情形分别予以对待：第一，在具体案件中，须认定案涉言论是否构成侵权时，其符合侵权行为构成要件的，应认定是一种民事侵权的违法行为，作出案涉言论的行为人应依法承担相应的民事法律责任。第二，在具体案件中，无须认定案涉言论是否构成侵权时，鉴于其违反法律精神和法律目的，可认定其系一种不当言论或评价，从而认定作出案涉言论的行为人应对社会公众的反应承担较高的容忍义务。

（九）正确处理公益诉讼和普通诉讼之间的关系

在制定司法解释具体应用《民法总则》第一百八十五条时，的确应该考虑到这样一种情形：当英雄烈士因年代久远而没有近亲属，或者英雄烈士有近亲属而近亲属不愿提起诉讼时，如何保护英雄烈士的人格利益和社会的公共利益？有学者提出，应创设保护英雄烈士人格利益的公益诉讼制度，由法定的国家机关和社会组织提起民事公益诉讼，解决此时原告的"缺位"问题，实现对英雄烈士人格利益和社会公共利益的彻底保护。笔者认为，需要注意的是，根据《立法法》第八条的规定，诉讼制度只能制定为法律，不能以法规、规章和司法解释的方式创设，因此，创设保护英雄烈士人格利益的公益诉讼制度，赋予法定的国家机关和社会组织以提起公益诉讼的诉权，需要由全国人大或其常委会作出决定，授权最高人民法院和最高人民检察院予以具体设计，其实，《民事诉讼法》第五十五条已经作出了规定，可视为对最高人民法院和最高人民检察院的授权；在设计该公益诉讼制度时，应注意 方面为实现对英雄烈士人格利益以及社会公共利益的有效保护，另一方面又不致公益诉讼的诉权被滥用，维系民事诉讼主体理论和制度的基本架构，应只赋予法定的国家机关和社会组织以诉权，不赋予其他国家机关、社会组织尤其是公民个人以提起公益诉讼的诉权。需要格外说明的是，创设公益制度，是以维护社会公共利益为目的的，因此，只能对既侵害英雄烈士的人格利益同时又损害社会公共利益的行为提起公益诉讼；只侵害了英雄烈士的人格利益、尚未损害社会公共利益的，不能提起公益诉讼。当然，这里的损害社会公共利益，按照侵权法的基本法理，包括现实已发生的损害和有发生损害重大风险两种情形。

附：《最高人民法院、最高人民检察院关于适用〈民法总则〉第一百八十五条审理涉及侵害英雄烈士人格利益案件若干问题的解释》司法解释建议稿

最高人民法院、最高人民检察院关于适用《民法总则》第一百八十五条审理涉及侵害英雄烈士人格利益案件若干问题的解释（司法解释建议稿）

为正确适用《民法总则》第一百八十五条的规定审理涉及侵害英雄烈士人格利益民事案件，依法保护英雄烈士及其近亲属的人格利益和社会公共利益，根据《中华人民共和国民法总则》《中华人民共和国侵权责任法》和《中华人民共和国民事诉讼法》等有关法律规定，结合审判实践，就有关适用法律的问题作出如下解释：

第一章　普通诉讼

第一条　因英雄烈士的姓名、肖像、名誉、荣誉、隐私等人格利益遭受侵害，英雄烈士的近亲属提起诉讼的，人民法院应予受理。

第二条　英雄烈士近亲属既可以烈士人格利益遭受侵害为由提起诉讼，也可以因英雄烈士人格利益遭受侵害从而致使自身人格利益遭受侵害为由提起诉讼。

第三条　因英雄烈士的遗体、遗骨遭受侵害，烈士近亲属提起诉讼的，人民法院应依法予以受理。

第四条　具有人格象征意义的纪念英雄烈士的物品或者设施因侵权行为而灭失或毁损的，该物品或者设施的所有人或者管理人以侵权为由提起诉讼的，人民法院应当依法予以受理。

第五条　英雄烈士近亲属可请求侵权人承担停止侵害、恢复名誉、消除影响、赔礼道歉等民事责任。

第六条　英雄烈士近亲属以因英雄烈士人格利益遭受侵害从而致使自身人格利益遭受侵害为由提起诉讼的，除请求侵权人承担本解释第五条规定的民事责任外，还可以请求精神损害赔偿。

第七条　人民法院应根据以下因素确定精神损害赔偿的数额：

（一）侵权人的过错程度，法律另有规定的除外；

（二）侵害的动机、目的、手段、场合、行为方式等具体情节；

（三）侵权行为的损害后果，包括社会公共利益的受损情况；

（四）侵权人的获利情况；

（五）侵权人承担责任的经济能力。

第八条　具有下列情形之一的，人民法院可认定为英雄烈士的近亲属：

（一）配偶、父母、子女；

（二）兄弟姐妹、祖父母、外祖父母、孙子女、外孙子女；

（三）其他晚辈直系血亲和旁系血亲。

第九条　本解释第八条第（一）项和第（二）项应由英雄烈士近亲属承担举证责任，第（三）项由人民法院根据案情予以确定。

第十条　本解释第八条所列近亲属之一提起诉讼后，其他近亲属又提起诉讼，案件尚未审结的，人民法院应列其为共同原告。

第二章　公益诉讼

第十一条　本解释规定的国家机关和社会组织，对已经损害社会公共利益或者具有损害社会公共利益重大风险的侵害英雄烈士人格利益的行为，可以向人民法院提起保护英雄烈士人格利益民事公益诉讼（以下简称"民事公益诉讼"）。

第十二条　国家机关和社会组织提起民事公益诉讼应以维护社会公共利益为目的，不得通过诉讼牟取经济利益。

第十三条　国家机关和社会组织提起民事公益诉讼的,不影响英雄烈士近亲属因同一行为就英雄烈士人格利益所受损害或其本人所受精神损害依法提起民事诉讼。

第十四条　检察机关对已经损害社会公共利益或者具有损害社会公共利益重大风险的侵害英雄烈士人格利益的行为,可以公益诉讼人的身份向人民法院提起民事公益诉讼。

第十五条　检察机关在提起民事公益诉讼前,可依法督促或者支持解释规定的其他国家机关和社会组织向人民法院提起民事公益诉讼。

第十六条　经诉前程序,本解释规定的其他国家机关和社会组织没有向人民法院提起公益诉讼,社会公共利益仍处于受侵害状态的,检察机关可以提起民事公益诉讼。

第十七条　检察机关提起民事公益诉讼的,免缴诉讼费用。

第十八条　除检察机关外,县级以上人民政府民政部门和其他法律所规定的国家机关,对已经损害社会公共利益或者具有损害社会公共利益重大风险的侵害英雄烈士人格利益的行为,可以原告的身份向人民法院提起民事公益诉讼。

第十九条　法律、法规规定依法登记的社会团体、民办非企业组织以及基金会等社会组织,对已经损害社会公共利益或者具有损害社会公共利益重大风险的侵害英雄烈士人格利益的行为，可以原告的身份向人民法院提起民事公益诉讼。

第二十条　提起民事公益诉讼的社会组织，应符合下列条件：

（一）依法在设区的市级以上人民政府民政部门登记；

（二）专门从事历史学术研究活动且连续五年以上无违法记录。

第二十一条　人民法院在审理民事公益诉讼案件时，可以将设区的市，自治州、盟、地区，不设区的地级市，直辖市的区以上人民政府民政部门认定为本法所规定的市级以上人民政府的民政部门。

第二十二条　人民法院在审理民事公益诉讼案件时，可以将章程确定的宗旨和主要业务范围是进行历史学术研究且从事公益活动的社会组织认定为本法所规定的专门从事历史学术研究活动的社会组织。

第二十三条　人民法院在审理民事公益诉讼案件时，可以将社会组织在提起诉讼前五年内未因从事业务活动违反法律、法规的规定受过行政、刑事处罚认定为本法所规定的无违法记录。

第二十四条　国家机关和社会组织提起民事公益诉讼，符合下列条件的，人民法院应予受理：

（一）有明确的被告；

（二）有具体的诉讼请求和事实、理由；

（三）属于人民法院受理民事诉讼的范围和受诉人民法院管辖。

第二十五条　国家机关和社会组织提起民事公益诉讼，应提交以下材料：

（一）起诉状，并按被告人数提出副本。起诉状应载明原、被告的基本法律信息，诉讼请求和所依据的事实与理由，证据和证据来源以及证人姓名和住所；

（二）被告的行为已经损害社会公共利益或者具有损害社会公共利益重大风险的初步证明材料，其中包括死者为英雄烈士的证明材料。

社会组织提起诉讼的，应当提交社会组织登记证书、章程、起诉前连续五年的年度工作报告书或者年检报告书，以及由其法定代表人或者主要负责人签字并加盖公章的无违法记录声明。

第二十六条　人民法院受理民事公益诉讼后，应当在立案之日起五日内将起诉状副本发送被告，并公告案件受理情况。

第二十七条　人民法院受理民事公益诉讼后，应当在十日内以书面形式告知同级人民政府民政部门，同级人民政府民政部门提起民事公益诉讼的除外。

第二十八条　有权提起民事公益诉讼的其他国家机关和社会组织在公告之日起三十日内申请参加诉讼的，经审查符合法定条件的，人民法院应当将其列为共同原告；逾期申请的，不予准许。

第二十九条　英雄烈士的近亲属以其精神遭受损害申请参加诉讼的，人民法院应告知其另行起诉。

英雄烈士的近亲属另行起诉后，认为该案必须以民事公益诉讼的审理结果为依据且民事公益诉讼尚未审结，请求对其提起的诉讼予以中止的，人民法院可以准许。

第三十条　有权提起民事公益诉讼的国家机关和社会组织，可以依据民事诉讼法的规定申请保全证据。

第三十一条　人民法院认为原告提出的诉讼请求不足以保护社会公共利益的，可以向其释明变更或增加停止侵害、赔礼道歉等诉讼请求。

第三十二条　民事公益诉讼审理过程中，被告提起反诉的，人民法院不予受理。

第三十三条　对于审理民事公益诉讼案件需要的证据，人民法院认为有必要的，应当调查收集。

第三十四条　原告在诉讼过程中承认的对己方不利的事实和认可的证据，人民法院认为损害社会公共利益的，应不予确认。

第三十五条　对侵害英雄烈士人格利益并已经损害社会公共利益或者具有损害社会公共利益重大风险的行为，公益诉讼人或者原告可以请求被告承担停止侵害、赔礼道歉、消除影响、恢复名誉、具结悔过等民事责任。

第三十六条　公益诉讼人或者原告为防止损害的发生和扩大，请求被告停止侵害的，人民法院可以依法予以支持。

第三十七条　民事公益诉讼当事人达成调解协议或者自行达成和解协议的，人民法院应当将协议内容公告，公告期限不少于三十日。公告期满后，人民法院审查认为调解协议或者和解协议的内容不损害社会公共利益的，应当出具调解书。

经审查，调解协议或和解协议的内容损害社会公共利益的，人民法院应依法作出判决。当事人以达成和解协议为由申请撤诉的，不予准许。

调解书应当写明诉讼请求、案件的基本事实和协议内容，并应当公开。

第三十八条　法庭辩论终结后，原告申请撤诉的，人民法院不予准许。

第三十九条　民事公益诉讼的裁判生效后，有权提起诉讼的其他国家机关和社会组织就同一行为另行起诉，有下列情形之一的，人民法院应予受理：

（一）前案公益诉讼人或者原告的起诉被裁定驳回的；

（二）有证据证明存在前案审理时未发现的损害的。

第四十条　发生法律效力的民事公益诉讼的裁判，需要采取强制执行措施的，应当移送执行。

第四十一条　原告及其诉讼代理人对侵权行为进行调查、取证的合理费用、合理的律师代理费用，人民法院可以根据实际情况予以相应支持。

第四十二条　社会组织交纳诉讼费用确有困难，依法申请缓交的，人民法院应予准许。

第四十三条　社会组织有通过诉讼违法收受财物等牟取经济利益行为的，人民法院可以根据情节轻微依法收缴其非法所得、予以罚款；涉嫌犯罪的，依法移送有关机关处理。

社会组织通过诉讼牟取经济利益的，人民法院应当向登记机关或者有关机关发出司法建议，由其依法处理。

国家机关及其工作人员通过诉讼牟取经济利益的，由有关机关依法处理。

第三章 侵权认定

第四十四条 具有下列情形之一的，人民法院可认定为英雄烈士：

（一）依据原《革命烈士褒扬条例》取得《革命烈士证明书》的；

（二）依据《烈士褒扬条例》取得《烈士证书》的；

（三）在革命斗争、保卫祖国和社会主义现代化建设过程中壮烈牺牲、堪称楷模的。

第四十五条 有下列情形之一的，人民法院应认定侵权行为成立：

（一）以侮辱、诽谤、贬损、丑化或者违反公序良俗的方式，侵害英雄烈士的姓名、肖像、名誉、荣誉的；

（二）非法披露、利用英雄烈士的隐私或者违反公序良俗的方式侵害英雄烈士的隐私的；

（三）非法利用英雄烈士的遗体、遗骨或者以违反公序良俗的方式侵害英雄烈士的遗体、遗骨的。

第四十六条 侵权人的侵权言论不受学术自由、言论自由和表达自由的保护。

第四十七条 侵权人因侵害英雄烈士人格利益的同一行为应当承当行政责任或者刑事责任的，不影响依法承担侵权责任。因该同一行为应当承担侵权责任和行政责任、刑事责任,侵权人的财产不足以支付的,先承担侵权责任。

第四章 附则

第四十八条 本解释自 年 月 日起施行。

兰州大学法学院《民法总则》座谈会上的发言

尊敬的李老师、俞老师，各位专家，同学们：

今天我汇报两个方面的内容：

一 应从编纂民法典的角度切入对《民法总则》的理解

2016 年 6 月 14 日，习近平总书记主持召开了中共政治局常委会会议，听取并原则同意了全国人大常委会党组关于编纂民法典和制定《民法总则》工作的汇报。在这次会议上确定了民法典编纂的"两步走"战略：民法典共由总则编和分则编两部分组成；2017 年先编纂完成民法典的总则编，即《民法总则》；2018 年完成对民法分则编中的物权编、债权编、侵权责任编、婚姻家庭编和继承编的编纂并提交全国人大常委会审议，到 2020 年，再一并提交全国审议。因此，若不出现意外情况，到 2020 年的时候，我们中华人民共和国的民法典就会诞生。

因此，制定《民法总则》是编纂民法典的重要组成部分，同样地，《民法总则》是民法典的重要组成部分，是民法典的开篇之作。在理解《民法总则》时，要避免出现两个思想误区：第一，编纂民法典或制定《民法总则》不是制定一部新的法律，它只是对现行有效的民事法律规范进行科学的整理；第二，编纂民法典或制定《民法总则》也不是简单的法律汇编，它是将现行有效的民事法律规范中与经济社会发展不相适应的部分作出富有针对性的规定。因此，将《民法总则》的制定等同于制定新法，就会提出过高要求；但若理解为简单的法律汇编，就会提出较低的要求。

二 如何理解《民法总则》第八章 第一百八十五条

受全国人大常委会法工委的邀请，我曾参加了与《民法总则》第八章"民事责任"有关的修改和论证工作。公布后的《民法总则》的第八章一共有12个条文，第一百七十六条到第一百八十七条。其可以划分为两部分：前4个条文是第一部分，是关于民事责任的一般性规定，分别是一般规定、连带责任、按份责任和承担民事责任的具体方式；后8个条文是第二部分，分别是正当防卫、紧急避险、受益人补偿、违约责任与侵权责任的竞合以及民事责任优先等规定。《民法总则》公布后，社会各界对第八章"民事责任"普遍评价较好，其中虽有争议，但无伤大雅。

不过，争议最大的是第一百八十五条，也就是英雄烈士人格利益的民法保护制度。

在原《民法总则》草案的三审稿当中，是没有第一百八十五条的英雄烈士人格利益保护制度的，该条是在《民法总则》公布的三天之前，即 3 月 12 日才增加到《民法总则》草案当中去的。据悉，在审议《民法总则》期间，部分全国人大代表强烈要求在《民法总则》当中写入对国家英雄名誉和荣誉施行民法保护的规定。甚至全国人大代表、重庆市律师协会会长韩德云以及全国人大代表、河北省邯郸市检察院副检察长贾春梅分别联合 31 名全国人大代表向大会提出了制定保护英雄烈士人格利益或保护英雄的法律案。因此，根据部分代表的审议意见，全国人大法律委员会经研究决定在《民法总则》草案中增设英雄烈士人格利益保护条款，即第一百八十五条。

《民法总则》第一百八十五条规定，"侵害英雄烈士等的姓名、肖像、名誉、荣誉，损害社会公共利益的，应当承担民事责任"。在学习、理解和使用第一百八十五条时要注意处理好以下几个方面的关系：

第一，处理好保护生者权利和保护死者利益之间的关系。基于民事权利能力始于出生终于死亡的基本法理，已经死亡的自然人，因丧失民事权利能力而再不具备享有民事权利和承担民事义务的资格，所以自然人能够享有民事权利的时间段是从出生到死亡。当然，根据《民法总则》的规定，在涉及财产赠予、遗产继承等情形时，视胎儿具有民事权利能力，但胎儿娩出时为死体的，则推定其民事权利能力自始不存在。可以看出，我国的民事权利能力覆盖从出生到死亡以及特定情形下的出生之前的胎儿阶段。根据第一百八十五条的规定，我国民法还对已经死亡的自然人的人格利益进行保护，这就要求处理好保护生者权利和保护死者利益之间的关系。

第二，处理好保护英雄烈士和保护普通死者之间的关系。请大家注意，在第一百八十五条中，"英雄烈士"之后还有一个"等"字，这说明第一百八十五条不仅保护英雄烈士的人格利益，同时还保护其他已经死亡的自然人的人格利益。从民事权利能力普遍原则中，我们可以推导得出这样一个结论：英雄烈士所享有的人格利益，在其性质和范围上，与普通死者完全相同，英雄烈士在人格利益的享有的性质和范围，并不享有"特权"。

第三，处理好保护英雄烈士的人格利益和保护其近亲属的情感利益之间的关系。英雄烈士的人格利益遭受侵害时，英雄烈士近亲属的情感利益也往往同时遭受侵害，当英雄烈士的近亲属以原告身份或资格提起诉讼时，其既可以保护英雄烈士的人格利益，也可以维护自身情感利益为目的。

第四，处理好保护英雄烈士姓名、肖像、名誉、荣誉等人格利益与其他人格利益或准人格利益之间的关系。除了要保护英雄烈士的姓名、肖像、名誉、荣誉之外，还需要保护英雄烈士其他人格利益和准人格利益，如英雄烈士的隐私、遗体和遗骨以及英雄烈士的纪念设施。若不对英雄烈士的隐私加以保护，就容易使人误解为英雄烈士所享有的人格利益少于普通死者。

第五，处理好保护私人利益与保护社会公共利益之间的关系。英雄烈士的人格利益之所以与众不同，是因为它是社会公共利益的重要组成部分。因此，若要谈及第一百八十五条的立法必要性，正在于该条所要保护的是社会的公共利益，也就是说，第一百八十五条的核心要义是维护社会公共利益，而不是仅仅保护英雄烈士的人格利益。正是对社会公共利益的维护，成为第一百八十五条作为民事责任特殊情形的依据，也由此证明了该条单独专条立法的必要性。如果认为第一百八十五条仅仅是为了保护英雄烈士的人格利益，则该条也就没有立法的必要性了。

第六，处理好普通诉讼和公益诉讼的关系。我个人认为，第一百八十五条中对社会公共利益的规定，实际上是为民事公益诉讼制度的创设作准备、作铺垫，虽然公益诉讼制度并不是作为实体法的《民法总则》的立法任务，第一百八十五条的确向我们传递了民事诉讼法将创设民事公益诉讼制度的信息，届时，我国将出现英雄烈士、环境和消费者保护三种民事公益诉讼制度的格局。

我的发言完毕，谢谢。

二〇一七年四月十四日

《民法总则》简讲[*]

一 民法总则概况

《民法总则》系2017年3月15日十二届全国人大第五次会议通过,同日,国家主席习近平签署第六十六号主席令,予以公布,自2017年10月1日起施行。

《民法总则》共11章、206条,各章依次是:第一章基本规定、第二章自然人、第三章法人、第四章非法人组织、第五章民事权利、第六章民事法律行为、第七章代理、第八章民事责任、第九章诉讼时效、第十章期间计算、第十一章附则。

二 编纂民法典的任务、意义和基本原则

编纂民法典是党的十八届四中全会提出的重大立法任务。编纂民法典是对现行民事法律法规进行系统整合,编

---

[*] 该讲稿系为中共兰州市委中心组、渭源路街道办事处等单位讲座讲稿。

《民法总则》第一百八十五条研究

纂一部适用中国特色社会主义发展要求，符合我国国情和实际，体例科学、结构严谨、内容协调一致的法典。编纂民法典不是制定全新的民事法律，而是对现行的民事法律规范进行科学整理；也不是简单的法律汇编，而是对已经不适用现实情况的规定进行修改完善，对经济社会生活中出现的新情况、新问题作出有针对性的新规定。

编纂民法典的伟大意义来自于编纂民法典的时代背景。该时代背景是：党的十八以来，以习近平同志为核心的党中央团结带领全党和全国各族人民，统筹推进"五位一体"总体布局，协调推进"四个全面"战略布局，全面开创了中国特色社会主义新局面，极大地提高了广大人民群众的主动性、积极性和创造性，现在，我们比历史上任何时期都更加接近于实现中华民族伟大复兴的中国梦的目标。

因此，编纂民法典的伟大意义是：第一，编纂民法典是体现党执政为民的根本宗旨，维护最广大人民根本利益的客观要求。尊重和保障人民群众合法权益，是建设中国特色社会主义法治体系、建设社会主义法治国家的基本原则。十八届四中全会提出，要实现公民权利保障的法治化。通过编纂民法典，健全民事法律秩序，就是以加强对民事主体合法权益的保护，更好地维护人民群众的切身利益。第二，编纂民法典是全面推进依法治国、实现国家治理体系和治理能力现代化的重大举措。民法作为中国特色社会主义法律体系的重要组成部分，是民事领域基础性、综合性的法律，被称为社会生活的百科全书，它规范人身关系和财产关系，涉及社会和经济生活的方方面面，同每个民事主体都密切相关。民法与国家其他领域的法律规范一起，支撑着国家治理体系。通过编纂民法典，完善民事法律规范，就要构建民事领域的治理规则，提高国家治理能力。第三，编纂民法典是健全社会主义市场经济体制，完善中国特色社会主义法律体系的必然要求。市场在资源配置中起决定性作用，就必须以保护产权、维护契约、统一市场、平等交换、公平竞争为基本导向。我国民事立法秉持民商合一的传统，通过编纂民法典，完善我国民商事领域的基本规则，为民商事活动提供基本遵循，就是要健全市场秩序，维护交易安全，促进社会主义市场经济健康发展。

编纂民法典遵循的基本原则是：第一，坚持正确的政治方向。坚持党的领导这一社会主义法治最根本保证和最本质特征，确保党的领导、人民当家作主、依法治国有机统一，坚定不移走中国特色社会主义法治道路。第二，坚持人民主体地位原则。保证人民依法享有广泛的权利和自由、承担应尽的义务，实现好、维护好、发展好最广大人民的根本利益。第三，坚持社会主义核心价值观。将社会主义核心价值观融入民法全过程，弘扬公序良俗。第四，坚持立法的引领和推动作用。以法典化方式巩固和确认新中国成立以来特别是改革开放以来实践证明是正确的民事立法成果，同时与时俱进，引领经济社会发展，更好地平衡社会利益、调解社会关系、规范社会行为。

三　民法总则草案的起草情况

以习近平同志为核心的党中央高度重视民法典的编纂和民法总则的制定。2016年6月14日，习近平总书记主持召开中央政治局常委会会议，听取并原则同意全国人大常委会党组关于民法典编纂工作和民法总则草案的汇报，并作出重要指示，为编纂民法典和制定民法总则提供了重要指导和基本遵循。民法典将由总则编和各分则编组成，目前考虑分为物权编、合同编、侵权责任编、婚姻家庭编和继承编。编纂工作按照"两步走"的思路进行：第一步，编纂民法总则编，即今天讲授的民法总则；第二步，编纂民法典各分编，拟于2018年整体提请全国人大常委会审议，审议后，争取于2020年将民法典各分编一并提请全国人大审议通过，从而形成统一的民法典。当然，按照进度服从质量的要求，具体进度可做必要调整。

《民法总则》是民法典的开篇之作，在民法典中起统领性作用。《民法总则》规定了民事活动必须遵循的基本原则和一般性规定，统领各民法典分编；各分编将在《民法总则》的基础上对各项民事法律制度作出具体规定。《民法总则》以1986年《民法通则》为基础，采取"提取公因式"的办法，将民事法律制度中具有普遍适用性和引领性的规定写入草案，就民法基本原则、民事主体、民事权利、民事法律行为、民事责任、诉讼失效与期间计算等民事基本制度作出规定，既构建我国民事法律制度的基本框架，也为各分编的制定提供依据。

起草《民法总则》坚持的指导思想是：一是既坚持问题导向，着力解决社会生活中纷繁复杂的问题，又尊重立法规律，讲法理、讲体系；二是既尊重民事立法的历史延续性，又适用当前经济社会发展的客观需要；三是既传承我国优秀的法律文化传统，又借鉴外国立法的有益经验。

四 《民法总则》中须重点关注的几个问题

（一）关于民法的基本原则。《民法总则》在《民法通则》的基础上，进一步明确了民事主体的民事权益受法律保护，任何组织和个人不得侵犯的原则，进一步确立了平等原则、自愿原则、公平原则、诚信原则和守法原则这传统的五大基本原则，这些原则均体现出社会主义核心价值观。同时增加了绿色原则，即民事主体从事民事活动，应当有利于节约资源、保护生态环境。

（二）关于民事法律的适用规则，《民法总则》规定，一是处理民事纠纷，应当依照法律；没有规定的，可以适用习惯，但是不得违背公序良俗。民事关系十分复杂，对法律没有规定的事项，人民法院在一定条件下根据民间习惯或者商业惯例处理民事纠纷，有利于民事纠纷的解决。

（三）胎儿的民事权利能力问题

关于自然人，一是增加了保护胎儿利益的规定；二是将限制民事行为能力的未成年下限由《民法通则》的 10 周岁下调为 8 周岁。随着社会的进步和教育水平的提高，儿童的认知能力、适应能力和自我承担能力也有了很大的提高，法律上适当降低年量下限标准，符合现代未成年人心理、生理发展特点，有利于未成年人从事与其年龄、智力相适应的民事活动，更好地尊重未成年人的自主意识，保护其合法权益；三是完善了监护制度，《民法总则》以家庭监护为基础，社会监护为补充，国家监督为兜底，对监护制度作了完善。明确了父母子女之间的抚养赡养义务，扩大了被监护人的范围，强化了政府的监护职能，完善了撤销监护制度，并就遗嘱监护、协议监护、监护人的确定、指定监护、监护职责的履行等制度作出了明确规定。

（四）关于法人的分类问题

第七十六条规定，以取得利润并分配给股东等出资人为目的成立的法人，为营利法人。营利法人包括有限责任公司、股份有限公司和其他企业法人。第八十七条规定，为公益目的或者其他非营利目的成立，不向出资人、设立人或者会员分配所取得利润的法人，为非营利法人。非营利法人包括事业单位、社会团体、基金会、社会服务机构等。第九十六条规定，本节规定的机关法人、农村集体经济组织法人、城镇农村的合作经济组织法人、基层群众自治组织法人，为特别法人。

（五）关于个人信息保护

第一百一十一条规定，自然人的个人信息受法律保护。任何组织和个人需要获取他人个人信息的，应当依法取得并确保信息安全，不得非法收集、使用、加工、传输他人个人信息,不得非法买卖、提供或者公开他人个人信息。

(六)社会公共利益保护和社会主义核心价值观弘扬

此次公布的《民法总则》格外关注对社会公共利益的保护和对社会主义核心价值观的弘扬,其中,第一百八十五条格外引人注目,我想谈谈我个人对第一百八十五条的粗浅认识。

第一,如何概括第一百八十五条的制度称谓。现在对于第一百八十五条的制度称谓的概括,有两种观点:一是称为"英烈条款"或"英雄烈士人格利益民法保护制度",二是叫作"社会公共利益保护制度"。如果我们再回顾一下《民法总则》第一百八十五条的原文即"侵害英雄烈士等的姓名、肖像、名誉、荣誉,损害社会公共利益的,应当承担民事责任",我们将不难发现,这两种观点在侧重点上有着很大相同,前者强调对英雄烈士等的人格利益的保护,后者强调对社会公共利益的维护。但根据第一百八十五条的原义,该条既保护英雄烈士的人格利益,又维护社会的公共利益。所以,"英雄烈士人格利益保护制度"和"社会公共利益保护制度"的概括称谓,都不能全面反映第一百八十五条的条文原义和立法精神。

第二,第一百八十五条的核心要义。既然第一百八十五条既保护英雄烈士等的人格利益,又维护社会的公共利益,那么,哪一种类型的利益是该条所重点保护的法益呢?换句话说,第一百八十五条的核心要义是什么?我认为,《民法总则》的核心要义或主要保护的法益是社会公共利益，而不是英雄烈士等的人格利益。原因有两个：一个是逻辑或体系上的。第一百八十五条位于《民法总则》第八章"民事责任"中，这一章共有12条文，前4条文是关于民事责任一般或共同情形的规定，后8条是关于民事责任特殊情形的规定。前4个条文分别是一般规定、连带责任、按份责任、责任方式，后8个条文分别是不可抗力、正当防卫、紧急避险、受益人补偿、自愿施救、英雄烈士、责任竞合、民事责任竞合。可以看出，包括英雄烈士在内的8个条文都是关于民事责任特殊情形的规定。对于第一百八十五条来说，它的特殊性并不在于英雄烈士，从民事责任的角度观察，无论是侵害英雄烈士的人格利益，抑或是侵害非英雄烈士的普通死者的人格利益，均须承担民事责任，英雄烈士所享有的人格利益与普通死者的人格利益在性质和范围上并无不同之处，民法所提供的保护方法完全相同。所以说，第一百八十五条的特殊之处并不在于英雄烈士，而在于公共利益。从这8个条文来看，唯有将第一百八十五条视为对损害社会公共利益的民事责任的规定，才能够确定该条的特殊性，才能够合理解释该条得以存在于《民法总则》第八章"民事责任"中的原因。认为该条的核心要义是维护社会的公共利益的第二个原因是条文原意。我们会发现，第一百八十五条规定的是英雄烈士"等"。也就是说，接受该条保护的人格利益的主体不仅包括英雄烈士，同时也包括了除英雄烈士之外的普通死者，所以，仅仅将该条保护的人格利益的主体理解为英雄烈士是不符合该条的条文原意的，同样地，据此将该条的主旨思想仅仅偏向于对英雄烈士的保护也是不全面的。

第三，关于死者人格利益的法理基础。根据民法的基本法理，民事权利能力始于出生终于死亡，因此，自然人的民事权利能力的存续时间，实际上是由两个时间点所决定的时间段，时间段的起点是出生，终点是死亡。在出生之前或死亡之后，自然人是不具有民事权利能力的，是不能够享有民事权利和履行民事义务的。这样的话，作为已经死亡的自然人因为已经丧失民事权利能力而不能继续享有其生前的民事权利了。不过需要注意的，民法总是逻辑服从经验，而不是经验被逻辑所决定。意思是说，当实际生活需要的时候，民法则随时可能为了实际生活的需要而改变自己的法理或者对自己的法理作出变通性的或例外性的规定。在自然人的民事权利能力制度领域，保护生者的权利于民事权利能力始于出生终于死亡的而言自然是不存在任何制度障碍的，但是对于保护胎儿和死者的合法权益而言则成为了问题。因而胎儿和死者处于出生之前和死亡之后的状态，在民事权利能力始于出生终于死亡的制度前提下无法享有民事权利能力，也因此无法享有民事权利，对他们合法权益的保护自然也无法成立；但社会实际生活的确也提出了保护胎儿和死者合法权益的要求。为了解决这个矛盾或问题，民法就必须对自己的民事权利能力制度进行修正。关于如何修正，我想有两个具体的方法：一是认可胎儿或自然人不具有民事权利能力，但承认他们享有利益并进行保护；二是一定程度上赋予他们以民事权利能力，从而据此保护他们的合法权益。以前我更加倾向于第一种观点，但现在从《民法总则》第十六条的规定来看，第二种观点更加符合现行民法的法律体系，因为《民法总则》第十六条规定，涉及遗产继承、接受赠予等胎儿利益保护的，胎儿视为具有民事权利能力。可以看出，《民法总则》在一定程度或一定范围已经赋予胎儿以民事权利能力，那么，相同地，也可以一定程度或一定范围赋予死者以民事权利能力，由此来看，第二种观点更容易融入现行的民法法理之中。